1. Prólogo 9
2. Introducción a las Criptomonedas 10
   2.1. ¿Qué son las criptomonedas? 10
      Orígenes y Conceptos Básicos 11
      Características Principales 11
      Tipos de Criptomonedas 12
      Usos y Aplicaciones 17
   2.2. Historia de las criptomonedas 20
      Los Primeros Conceptos y Precursores 20
      El Nacimiento de Bitcoin 21
      La Evolución y Expansión 21
      Conclusión 22
   2.3. Tecnología Blockchain 23
      Bitcoin (BTC) 23
      Ethereum (ETH) 23
      Ripple (XRP) 24
      Litecoin (LTC) 24
      Cardano (ADA) 25
      Binance Coin (BNB) 25
      Polkadot (DOT) 26
      Conclusión 26
   2.4. Principales criptomonedas (Bitcoin, Ethereum, etc.) ... 26
      Bitcoin (BTC) 26
      Ethereum (ETH) 27
      Ripple (XRP) 27
      Litecoin (LTC) 28
      Cardano (ADA) 28
      Binance Coin (BNB) 29
      Polkadot (DOT) 29
      Conclusión 30
3. Cómo Funciona el Mercado de Criptomonedas 30
   3.1. Exchanges de criptomonedas 30

  Tipos de Carteras de Criptomonedas 31

  Pasos para Crear una Cartera de Criptomonedas......... 31

  Consejos para la Seguridad de la Cartera 32

  Recuperación de la Cartera 32

  Conclusión......... 32

 3.2. Billeteras digitales 32

  Tipos de Billeteras Digitales......... 33

  Consideraciones para Elegir una Billetera......... 34

  Configuración y Uso de una Billetera Digital......... 34

  Buenas Prácticas de Seguridad......... 35

  Conclusión......... 36

 3.3. Seguridad en las transacciones 36

  Prácticas Esenciales de Seguridad......... 36

  Protección de Claves Privadas......... 37

  Uso de Software Confiable 37

  Reducción de Riesgos en Transacciones 38

  Monitoreo y Auditoría 38

  Educación Continua 39

  Conclusión......... 39

 3.4. Regulaciones y legislación......... 39

  Estado Actual de las Regulaciones......... 40

  Principales Áreas de Regulación 40

  Impacto en el Ecosistema de Criptomonedas 41

  Perspectivas Futuras 41

  Conclusiones 42

4. Estrategias de Inversión 42

 4.1. Inversión a corto plazo vs. largo plazo 43

  Inversión a Corto Plazo......... 43

  Inversión a Largo Plazo......... 44

  Consideraciones para Elegir entre Inversión a Corto y Largo Plazo 45

  Conclusión......... 45

 4.2. Trading diario 46

Fundamentos del Trading Diario 46
Características del Trading Diario en Criptomonedas 46
Estrategias Comunes de Trading Diario en Criptomonedas 47
Factores a Considerar 48
Conclusión 48
4.3. HODLing 49
Fundamentos del HODLing 50
Razones y Beneficios del HODLing 50
Consideraciones del HODLing 51
Conclusión 51
4.4. Diversificación de portafolio 52
Fundamentos de la Diversificación de Portafolio 52
Beneficios de la Diversificación de Portafolio 52
Estrategias de Diversificación en Criptomonedas 53
Consideraciones de la Diversificación de Portafolio 53
Conclusión 53
5. Análisis de Mercado 54
5.1. Análisis técnico 55
Principios Fundamentales 55
Herramientas Comunes 55
Estrategias de Trading 56
Consideraciones 56
5.2. Análisis fundamental 56
Factores Fundamentales a Considerar 57
Métricas y Herramientas de Evaluación 57
Estrategias de Evaluación 58
Consideraciones 58
5.3. Indicadores clave 59
5.4. Herramientas y recursos 60
Plataformas de Trading e Intercambio 60
Seguimiento de Precios y Mercado 61
Portafolio y Gestión de Activos 61

Investigación y Análisis 61

Educación y Formación 61

Seguridad y Almacenamiento 62

6. Gestión de Riesgos 62

   6.1. Identificación de riesgos 63

      1. Volatilidad del Mercado 63

      2. Riesgo de Seguridad 63

      3. Riesgo Regulatorio 63

      4. Riesgo de Liquidez 63

      5. Riesgo Tecnológico 64

      6. Riesgo de Contraparte 64

      7. Riesgo de Pérdida de Claves Privadas 64

      8. Riesgo de Mercado 64

      9. Riesgo de Fraude y Estafas 64

      10. Riesgo de Comportamiento del Inversor 64

   6.2. Estrategias de mitigación 65

      1. Diversificación de la Cartera 65

      2. Investigación Exhaustiva 65

      3. Utilización de Stop-Loss 65

      4. Almacenamiento Seguro 65

      5. Autenticación de Dos Factores (2FA) 65

      6. Mantenimiento de Claves Privadas 65

      7. Revisión Periódica de Inversiones 66

      8. Educación Continua 66

      9. Gestión del Riesgo 66

      10. Prudencia en la Inversión 66

   6.3. Psicología del inversor 66

      1. Emociones y Ciclo del Mercado 66

      2. Sesgos Cognitivos 67

      3. Gestión del Riesgo 67

      4. Perspectiva a Largo Plazo 67

      5. Educación y Conocimiento 67

- 6. Tolerancia al Riesgo 67
- 7. Adaptabilidad 67
- 8. Resiliencia 67

6.4. Casos de estudio 68
- 1. Bitcoin y la Adopción Institucional 68
- 2. Ethereum y el Auge de los Contratos Inteligentes 68
- 3. El Colapso de Bitconnect 68
- 4. El Auge y Caída de las ICOs 68
- 5. La Volatilidad del Mercado y el Efecto del Halving de Bitcoin 69

7. Futuro de las Criptomonedas 69

7.1. Innovaciones y tendencias 70
- 1. DeFi (Finanzas Descentralizadas) 70
- 2. NFTs (Tokens No Fungibles) 70
- 3. Blockchain y Web3 70
- 4. Finanzas Tradicionales y Cripto 71
- 5. Privacidad y Escalabilidad 71
- 6. Gobierno y Gobernanza Descentralizada 71
- 7. Integración de Blockchain en Industrias Tradicionales 71

7.2. Impacto en la economía global 71
- 1. Descentralización Financiera 72
- 2. Remesas y Pagos Transfronterizos 72
- 3. Desafíos Regulatorios y Normativos 72
- 4. Innovación en Finanzas y Tecnología 72
- 5. Volatilidad del Mercado y Riesgo 72
- 6. Inversión Institucional y Adopción Corporativa 72
- 7. Desafíos Ambientales y Energéticos 73
- 8. Democratización del Financiamiento 73

7.3. Criptomonedas emergentes 73
- 1. Solana (SOL) 73
- 2. Polkadot (DOT) 73
- 3. Terra (LUNA) 74
- 4. Avalanche (AVAX) 74

5. Fantom (FTM) 74

6. Harmony (ONE) 74

7. Tezos (XTZ) 74

7.4. Proyecciones y predicciones 75

1. Bitcoin como Reserva de Valor 75

2. Adopción Institucional en Aumento 75

3. Crecimiento de las Finanzas Descentralizadas (DeFi) 75

4. Evolución de la Regulación 76

5. Avances Tecnológicos en Blockchain 76

6. Integración de Criptomonedas en la Economía Global 76

7. Desafíos Ambientales y Sostenibilidad 76

8. Aspectos Prácticos para Nuevos Inversores 77

8.1. Cómo comenzar a invertir 78

1. Entender los Fundamentos 78

2. Investigar Diferentes Criptomonedas 78

3. Establecer Objetivos y Estrategias 78

4. Selección de una Plataforma de Intercambio 78

5. Crear una Cartera de Criptomonedas 79

6. Gestionar el Riesgo y la Seguridad 79

7. Seguir Aprendiendo y Adaptándose 79

8. Ser Paciente y Disciplinado 79

9. Considerar Asesoramiento Profesional 79

8.2. Selección de una billetera y un exchange 79

1. Billeteras de Criptomonedas 80

2. Exchanges de Criptomonedas 80

8.3. Primeras compras y ventas 81

1. Educación Continua 81

2. Elección de la Plataforma de Intercambio 82

3. Creación de una Cuenta 82

4. Verificación de la Cuenta 82

5. Depósito de Fondos 82

6. Investigación y Análisis 82

7. Realización de la Compra 82

8. Gestión de la Inversión 82

9. Monitoreo del Mercado 83

10. Realización de Ventas 83

11. Revisión y Aprendizaje Continuo 83

8.4. Consejos y mejores prácticas 83

1. Educación Continua 83

2. Diversificación de la Cartera 84

3. Establecimiento de Objetivos 84

4. Gestión del Riesgo 84

5. Seguridad de la Billetera 84

6. Investigación Exhaustiva 84

7. Mantenimiento de la Calma 84

8. Cumplimiento de las Obligaciones Fiscales 84

9. Actualización de la Seguridad 85

10. No te Dejes Influenciar por las Emociones 85

9. Recursos Adicionales 85

9.1. Libros recomendados 86

1. "Mastering Bitcoin" por Andreas M. Antonopoulos 86

2. "The Internet of Money" por Andreas M. Antonopoulos 87

3. "Cryptoassets: The Innovative Investor's Guide to Bitcoin and Beyond" por Chris Burniske y Jack Tatar 87

4. "The Bitcoin Standard: The Decentralized Alternative to Central Banking" por Saifedean Ammous 87

5. "Digital Gold: Bitcoin and the Inside Story of the Misfits and Millionaires Trying to Reinvent Money" por Nathaniel Popper 87

6. "The Age of Cryptocurrency: How Bitcoin and Digital Money Are Challenging the Global Economic Order" por Paul Vigna y Michael J. Casey 87

7. "Blockchain Basics: A Non-Technical Introduction in 25 Steps" por Daniel Drescher 87

8. "The Infinite Machine: How an Army of Crypto-hackers Is Building the Next Internet with Ethereum" por Camila Russo 88

9.2. Blogs y sitios web 88

1. CoinDesk (www.coindesk.com) 88

2. CoinTelegraph (www.cointelegraph.com) 88

3. CryptoSlate (www.cryptoslate.com) 88

4. CoinMarketCap (www.coinmarketcap.com) 89

5. Crypto Briefing (www.cryptobriefing.com) 89

6. The Block (www.theblockcrypto.com) 89

7. Decrypt (www.decrypt.co) 89

8. Messari (www.messari.io) 89

9. CoinDesk Research (www.coindesk.com/research) 89

10. CryptoPanic (www.cryptopanic.com) 89

9.3. Comunidades y foros 90

1. Reddit - r/Cryptocurrency (www.reddit.com/r/Cryptocurrency) 90

2. BitcoinTalk (bitcointalk.org) 90

3. Telegram - Grupos de Criptomonedas 90

4. Discord - Servidores de Criptomonedas 90

5. Crypto Twitter 91

6. Meetup.com 91

7. Crypto Subreddits Específicos 91

9.4. Cursos y seminarios 91

1. Coursera (www.coursera.org) 91

2. Udemy (www.udemy.com) 92

3. Khan Academy (www.khanacademy.org) 92

4. Blockchain at Berkeley (https://blockchain.berkeley.edu/) 92

5. Binance Academy (www.binance.vision) 92

6. Consensys Academy (https://consensys.net/academy/) 92

7. CryptoCompare Academy (https://academy.cryptocompare.com/) 92

8. Blockchain Revolution by Don Tapscott (www.blockchain-revolution.com) .. 92

10. Conclusión 93

10.1. Resumen de puntos clave... 93

10.2. Reflexiones finales 94

10.3. Próximos pasos para el inversor 95

1. Prólogo

La revolución de las criptomonedas ha llegado para quedarse, transformando la forma en que entendemos el dinero, las inversiones y la tecnología financiera. Este libro ha sido creado con el propósito de ofrecer una guía comprensible y accesible para todos aquellos interesados en aventurarse en el fascinante mundo de las criptomonedas. A lo largo de estas páginas, encontrarás información detallada, estrategias prácticas y consejos útiles que te ayudarán a tomar decisiones informadas en tu camino como inversor.

Agradecimientos

Quiero expresar mi más sincero agradecimiento a todas las personas que han contribuido de alguna manera a la realización de este libro. En primer lugar, a mi familia, por su inquebrantable apoyo y comprensión durante los innumerables días y noches dedicados a la investigación y redacción. A mis amigos y colegas, cuyas valiosas opiniones y discusiones han enriquecido significativamente el contenido de este libro.

Agradezco también a los expertos y profesionales de la industria de las criptomonedas que han compartido su conocimiento y experiencia, ayudándome a presentar una visión más completa y precisa del tema. Sin su generosidad y disposición para colaborar, este libro no habría sido posible.

Finalmente, quiero agradecer a mis lectores por su interés y confianza. Espero sinceramente que este libro les proporcione las herramientas y el entendimiento necesarios para navegar con éxito el mundo de las criptomonedas.

Exención de Responsabilidades

Es importante destacar que la información contenida en este libro tiene fines educativos y de orientación. Aunque se ha puesto el mayor empeño en asegurar la precisión y actualidad del contenido, no se garantiza que la información proporcionada esté libre de errores o sea exhaustiva.

El mercado de las criptomonedas es altamente volátil y conlleva riesgos significativos. Las decisiones de inversión deben basarse en una cuidadosa consideración personal y, de ser necesario, en la consulta con asesores financieros profesionales. El autor no se responsabiliza por cualquier pérdida financiera, decisión de inversión errónea o cualquier otro tipo de perjuicio que pudiera derivarse del uso de la información contenida en este libro.

Las opiniones y estrategias presentadas reflejan el punto de vista del autor y no constituyen asesoramiento financiero. Los lectores son responsables de realizar su propia investigación y análisis antes de realizar cualquier inversión en criptomonedas.

Con estas palabras, les invito a embarcarse en este viaje de aprendizaje y descubrimiento, con la esperanza de que encuentren en estas páginas una guía valiosa para alcanzar sus objetivos de inversión.

¡Bienvenidos al mundo de las criptomonedas!

2. Introducción a las Criptomonedas

Las criptomonedas han emergido como una fuerza disruptiva en el mundo financiero y tecnológico, desafiando las estructuras tradicionales de moneda y transacciones. En esta sección, exploraremos los fundamentos de las criptomonedas, desde su definición básica hasta su impacto en la economía global. Comenzaremos examinando qué son exactamente las criptomonedas y cómo funcionan, antes de sumergirnos en los principios fundamentales de la tecnología blockchain que las sustenta. A medida que avanzamos, también consideraremos los diversos usos y aplicaciones de las criptomonedas, así como los desafíos y oportunidades que enfrentan en el mundo moderno. En resumen, esta sección servirá como una introducción esencial para comprender el emocionante y cambiante paisaje de las criptomonedas y su potencial para transformar nuestra forma de interactuar con el dinero y los activos digitales.

2.1. ¿Qué son las criptomonedas?

Las criptomonedas son una forma de dinero digital diseñada para ser segura y, en muchos casos, anónima. Se basan en la tecnología blockchain, que es una base de datos distribuida mantenida por una red de computadoras llamada nodos. A diferencia de las monedas tradicionales emitidas por gobiernos y bancos centrales, las criptomonedas no están controladas por ninguna entidad central y se operan de manera descentralizada.

Orígenes y Conceptos Básicos

El concepto revolucionario de las criptomonedas irrumpió en escena en 2008 con la publicación del famoso libro blanco de Bitcoin, un documento que presentaba una visión radicalmente nueva del dinero y las transacciones financieras. Escrito bajo el misterioso seudónimo de Satoshi Nakamoto, este libro blanco sentó las bases para lo que se convertiría en una de las innovaciones más disruptivas del siglo XXI.

Bitcoin, la primera criptomoneda del mundo, vio la luz en 2009 como resultado directo de las ideas presentadas en el libro blanco. Su lanzamiento marcó un hito en la historia financiera al resolver un desafío crítico conocido como el problema del doble gasto. Este problema había obstaculizado los esfuerzos anteriores para crear una moneda digital verdaderamente descentralizada, ya que implicaba la posibilidad de gastar la misma unidad de moneda dos veces, socavando la integridad de las transacciones.

La solución ingeniosa propuesta por Bitcoin fue utilizar una tecnología de contabilidad distribuida conocida como blockchain. Esta innovación permitió que las transacciones digitales se registraran de manera segura y transparente en una cadena de bloques en constante crecimiento, eliminando la necesidad de un intermediario centralizado para validar las transacciones.

Un componente fundamental de la seguridad de Bitcoin y otras criptomonedas es el uso de técnicas avanzadas de criptografía. La criptografía se utiliza para asegurar las transacciones, controlar la creación de nuevas unidades de moneda y verificar la transferencia de activos entre partes. Esta capa de seguridad adicional garantiza que las transacciones sean inmutables, transparentes y resistentes a la manipulación o el fraude.

En resumen, las criptomonedas representan una innovación revolucionaria en el campo del dinero y las finanzas. Su creación ha desencadenado un cambio de paradigma en la forma en que concebimos y realizamos transacciones financieras, proporcionando una alternativa descentralizada y segura a los sistemas financieros tradicionales. Con el tiempo, las criptomonedas han evolucionado para abarcar una amplia gama de casos de uso y aplicaciones más allá de las simples transacciones financieras, prometiendo transformar nuestra sociedad en formas que apenas comenzamos a comprender.

Características Principales

1. **Descentralización**: Una de las características más distintivas de las criptomonedas es su naturaleza descentralizada. No dependen de una autoridad central, como un banco central o una institución financiera. En su lugar, se basan

en una red de computadoras distribuidas que trabajan juntas para validar y registrar transacciones.

2. **Anonimato y Privacidad**: Aunque todas las transacciones de criptomonedas se registran en una blockchain pública, los detalles personales de los usuarios no se revelan. Las transacciones se asocian a direcciones criptográficas, que no necesariamente están vinculadas a la identidad real de una persona.

3. **Transparencia**: Todas las transacciones realizadas con criptomonedas se registran en una blockchain pública, lo que permite a cualquier persona verificar y auditar las transacciones. Esta transparencia ayuda a prevenir el fraude y la manipulación.

4. **Inmutabilidad**: Una vez que una transacción se ha registrado en la blockchain, no puede ser alterada ni eliminada. Esto garantiza la integridad del registro y evita el fraude.

5. **Accesibilidad**: Las criptomonedas pueden ser utilizadas por cualquier persona con acceso a Internet, lo que las hace especialmente útiles en regiones con sistemas bancarios subdesarrollados o restringidos.

Tipos de Criptomonedas

- **Bitcoin (BTC)**: La primera y más conocida criptomoneda, Bitcoin, ha transcendido su papel inicial como un medio de intercambio digital para convertirse en un almacén de valor digital, a menudo comparado con el oro en el mundo digital. Esta transformación se ha producido a medida que Bitcoin ha ganado aceptación y legitimidad en los mercados financieros y entre los inversores institucionales y minoristas.

  Similar al oro, Bitcoin es apreciado por su escasez intrínseca y su resistencia a la manipulación por parte de terceros. La oferta total de Bitcoin está limitada a 21 millones de unidades, lo que significa que es inherentemente deflacionario y no está sujeto a la manipulación de políticas monetarias o impresión excesiva de moneda. Esta escasez percibida ha llevado a muchos a considerar a Bitcoin como una reserva de valor segura en tiempos de incertidumbre económica o inflación.

Además, la naturaleza descentralizada de Bitcoin lo hace resistente a la censura y a la confiscación por parte de gobiernos o instituciones financieras. La propiedad de Bitcoin se basa en una clave privada única y un sistema de contabilidad distribuida, lo que significa que los usuarios tienen un control directo sobre sus activos sin depender de intermediarios o terceros de confianza.

La evolución de Bitcoin hacia un almacén de valor digital también se ha visto impulsada por la creciente demanda de inversores institucionales y fondos de cobertura que buscan diversificar sus carteras y protegerse contra la inflación. La adopción de Bitcoin como reserva de valor por parte de empresas como MicroStrategy y Tesla, así como la creación de productos financieros como futuros y fondos de inversión centrados en Bitcoin, han aumentado aún más su legitimidad y su estatus como un activo de inversión de primer nivel.

En resumen, Bitcoin ha superado su función original como una forma de dinero digital para convertirse en un activo digital de gran valor y confianza en el mundo financiero. Su ascenso como un almacén de valor digital, comparable al oro en el mundo digital, es un testimonio de su robustez y su potencial para transformar la forma en que concebimos y almacenamos valor en la era digital.

- **Ethereum (ETH)**: Además de ser una criptomoneda, Ethereum se destaca como una plataforma pionera que permite la creación de contratos inteligentes y aplicaciones descentralizadas (dApps). Lanzada en 2015 por el programador Vitalik Buterin, Ethereum introdujo una innovadora funcionalidad que va más allá de las simples transacciones financieras ofrecidas por Bitcoin.

  Los contratos inteligentes son piezas de código informático que se ejecutan automáticamente cuando se cumplen ciertas condiciones predefinidas. Estos contratos pueden programarse para realizar una amplia gama de funciones, desde transferencias de activos hasta votaciones descentralizadas, sin necesidad de intermediarios. Ethereum proporciona un entorno seguro y confiable para la ejecución de estos contratos, lo que permite una mayor eficiencia y transparencia en una variedad de aplicaciones.

  Las aplicaciones descentralizadas, o dApps, son programas informáticos que se ejecutan en una red descentralizada de nodos en lugar de en servidores centralizados. Estas aplicaciones pueden abarcar una amplia gama de casos de uso, incluyendo finanzas descentralizadas (DeFi), juegos en línea, votación descentralizada, y mucho más. Ethereum proporciona una plataforma flexible y escalable para el desarrollo de dApps, lo que ha llevado a la creación de un ecosistema diverso y en constante crecimiento de aplicaciones descentralizadas.

La capacidad de Ethereum para admitir contratos inteligentes y dApps ha impulsado la innovación en el espacio blockchain y ha abierto nuevas posibilidades para la creación de soluciones descentralizadas en una variedad de industrias. Su flexibilidad y versatilidad han atraído a desarrolladores de todo el mundo, lo que ha llevado a un rápido crecimiento en el número y la variedad de aplicaciones disponibles en la plataforma.

En resumen, Ethereum no solo es una criptomoneda, sino también una plataforma revolucionaria que ha democratizado el desarrollo de aplicaciones descentralizadas y la ejecución de contratos inteligentes. Su impacto en el mundo de la tecnología blockchain y la innovación descentralizada continúa creciendo a medida que más desarrolladores y empresas aprovechan su potencial para crear soluciones innovadoras y disruptivas en una variedad de sectores.

- **Ripple (XRP)**: Conocida por su enfoque en sistemas de pago y transferencias internacionales, Ripple se ha establecido como una plataforma líder que busca facilitar transacciones rápidas y seguras entre instituciones financieras. Desde su lanzamiento en 2012, Ripple ha abordado específicamente los desafíos inherentes a las transacciones transfronterizas, que históricamente han sido lentas, costosas y propensas a errores debido a la dependencia de sistemas heredados y la falta de interoperabilidad entre instituciones financieras.

  La tecnología central de Ripple, conocida como el Protocolo Ripple, se basa en un libro contable distribuido y un conjunto de reglas de consenso que permiten la liquidación instantánea de transacciones entre instituciones participantes. En contraste con las redes de pago tradicionales que requieren varios intermediarios y pueden demorar días en completar una transacción, Ripple ofrece una alternativa eficiente y escalable que permite a las instituciones financieras liquidar pagos de manera rápida y económica en tiempo real.

  El activo digital nativo de Ripple, XRP, desempeña un papel integral en la red de Ripple como un puente de liquidez entre monedas fiduciarias y criptomonedas. XRP se utiliza como un activo de puente para facilitar la conversión y la transferencia instantánea de valor entre diferentes monedas, lo que ayuda a reducir los costos y los tiempos de liquidación asociados con las transacciones transfronterizas.

Además de su enfoque en los pagos transfronterizos, Ripple también ha desarrollado soluciones adicionales para mejorar la eficiencia y la accesibilidad en el mundo de las finanzas. Esto incluye RippleNet, una red global de instituciones financieras que utilizan la tecnología de Ripple para procesar pagos transfronterizos, así como soluciones específicas como On-Demand Liquidity (ODL), que utiliza XRP como puente de liquidez para realizar pagos instantáneos y de bajo costo.

En resumen, Ripple se ha posicionado como una solución innovadora para mejorar la eficiencia y la velocidad de las transacciones transfronterizas entre instituciones financieras. Su enfoque en la tecnología blockchain y el uso de XRP como un activo de puente han ayudado a abordar los desafíos persistentes en el mundo de los pagos internacionales, ofreciendo una alternativa viable y escalable a los sistemas tradicionales de pago.

- **Litecoin (LTC)**: Creada en 2011 como una "plata" digital para el "oro" de Bitcoin, Litecoin se ha consolidado como una de las criptomonedas más prominentes en el espacio cripto. Inspirada por el protocolo de Bitcoin, Litecoin fue desarrollada por Charlie Lee con el objetivo de abordar algunas de las limitaciones percibidas de Bitcoin, como los tiempos de confirmación más lentos y la escalabilidad.

  Una de las características más distintivas de Litecoin es su algoritmo de minería diferente. Mientras que Bitcoin utiliza el algoritmo de consenso de Prueba de Trabajo (PoW) basado en SHA-256, Litecoin emplea Scrypt. Scrypt está diseñado para ser más resistente a la minería con hardware especializado (ASICs), lo que inicialmente permitió una mayor participación de la comunidad en la minería mediante el uso de hardware de propósito general como CPUs y GPUs.

  Además, Litecoin ha implementado varias mejoras técnicas para mejorar la velocidad y la eficiencia de las transacciones. Por ejemplo, el tiempo promedio de bloque en la red de Litecoin es de aproximadamente 2.5 minutos, en comparación con los 10 minutos de Bitcoin, lo que significa que las transacciones se confirman más rápidamente en la red de Litecoin. Esto hace que Litecoin sea una opción atractiva para aquellos que buscan tiempos de confirmación más rápidos y una experiencia de pago más ágil.

  Otra característica importante de Litecoin es su límite de suministro mayor en comparación con Bitcoin. Mientras que Bitcoin tiene un límite de suministro total de 21 millones de BTC, Litecoin tiene un límite de 84 millones de LTC. Esto significa que habrá cuatro veces más Litecoins en circulación que Bitcoins, lo que podría tener implicaciones en la percepción de escasez y valor relativo entre ambas criptomonedas.

En resumen, Litecoin se ha establecido como una "plata" digital complementaria al "oro" de Bitcoin, ofreciendo transacciones más rápidas y un algoritmo de minería diferente. Su enfoque en la velocidad, la eficiencia y la escalabilidad ha atraído a una base de usuarios sólida y lo ha convertido en una de las criptomonedas más importantes y respetadas en el mercado.

- **Altcoins**: Además de las criptomonedas líderes como Bitcoin, Ethereum, Litecoin y Ripple, existe un vasto ecosistema de otras criptomonedas conocidas como altcoins. Estas altcoins representan una amplia variedad de proyectos y enfoques, cada uno con su propio conjunto de características y objetivos únicos. Si bien algunas altcoins buscan mejorar aspectos específicos de Bitcoin o Ethereum, como la velocidad de las transacciones o la escalabilidad, otras exploran nuevos casos de uso y aplicaciones para la tecnología blockchain.

    Entre las altcoins más conocidas se encuentran:

    - **Bitcoin Cash (BCH)**: Creada como una bifurcación de Bitcoin en 2017, Bitcoin Cash busca mejorar la escalabilidad y la velocidad de las transacciones al aumentar el tamaño del bloque.
    - **Cardano (ADA)**: Cardano es una plataforma blockchain que se enfoca en la seguridad y la escalabilidad, utilizando un enfoque basado en la revisión académica y la investigación científica.
    - **Polkadot (DOT)**: Polkadot es una plataforma de cadena de bloques interoperable que permite la comunicación entre diferentes blockchains, facilitando la transferencia de datos y activos entre ellas.
    - **Chainlink (LINK)**: Chainlink es una red descentralizada de oráculos que conecta contratos inteligentes con fuentes de datos del mundo real, permitiendo que los contratos inteligentes accedan a información externa de manera segura.
    - **Stellar (XLM)**: Stellar es una plataforma de pagos descentralizados que facilita la transferencia de dinero a nivel global, especialmente en mercados emergentes y remesas internacionales.
    - **Litecoin (LTC)**: Aunque se mencionó anteriormente, Litecoin es una criptomoneda que se creó como una alternativa más rápida y escalable a Bitcoin, con tiempos de confirmación de transacciones más rápidos y un límite de suministro mayor.

- **Dogecoin (DOGE)**: Dogecoin comenzó como una broma, pero ha ganado popularidad como una criptomoneda de "propina" en línea y se ha utilizado en campañas de caridad y eventos comunitarios.
- Estos son solo algunos ejemplos de las miles de altcoins que existen en el mercado actual. Cada una de estas criptomonedas busca abordar diferentes problemas o necesidades en el mundo de las finanzas, la tecnología y más allá, y contribuir a la diversidad y la innovación dentro del ecosistema cripto.

Usos y Aplicaciones

Las criptomonedas tienen una amplia gama de aplicaciones, desde el comercio electrónico y las remesas hasta los contratos inteligentes y las aplicaciones descentralizadas. Algunas de sus aplicaciones más comunes incluyen:

- **Transacciones financieras**: Las transacciones financieras son fundamentales en el mundo de las finanzas, y en el ámbito de las criptomonedas, ofrecen una serie de ventajas significativas. Entre estas ventajas se incluyen la capacidad de realizar pagos rápidos y seguros a nivel mundial con tarifas bajas o incluso nulas en comparación con los métodos tradicionales.

    En primer lugar, la velocidad de las transacciones en el ámbito de las criptomonedas es notablemente rápida en comparación con los sistemas financieros tradicionales. Mientras que las transferencias bancarias internacionales pueden demorar días hábiles en completarse debido a la necesidad de pasar por múltiples intermediarios y procesos de liquidación, las transacciones de criptomonedas pueden ejecutarse en cuestión de minutos o incluso segundos, gracias a la naturaleza descentralizada y eficiente de las redes blockchain.

    Además, la seguridad es una característica destacada de las transacciones financieras en el mundo de las criptomonedas. La tecnología blockchain, que subyace a la mayoría de las criptomonedas, utiliza técnicas avanzadas de criptografía para garantizar la integridad y la seguridad de las transacciones. Cada transacción se registra de forma inmutable en un libro mayor distribuido y se verifica mediante un proceso descentralizado de consenso, lo que hace extremadamente difícil la manipulación o el fraude.

    Finalmente, las tarifas asociadas con las transacciones de criptomonedas suelen ser considerablemente más bajas que las tarifas de los métodos de pago tradicionales, como las transferencias bancarias o las remesas internacionales.

Debido a la eliminación de intermediarios y la automatización de procesos, las tarifas de transacción en las redes blockchain pueden ser insignificantes o incluso nulas en algunos casos, lo que hace que las criptomonedas sean una opción atractiva para aquellos que desean realizar transacciones de manera económica y eficiente a nivel mundial.

En resumen, las transacciones financieras en el mundo de las criptomonedas ofrecen una combinación única de velocidad, seguridad y bajos costos que las hace cada vez más atractivas para individuos y empresas que buscan realizar pagos rápidos y seguros a nivel mundial.

- **Contratos inteligentes**: Los contratos inteligentes son piezas de código informático que se ejecutan automáticamente cuando se cumplen ciertas condiciones predefinidas. Estos contratos están diseñados para facilitar, verificar o hacer cumplir la negociación o el desempeño de un contrato, sin necesidad de intermediarios. La tecnología de los contratos inteligentes se basa en la blockchain, una red descentralizada de nodos que valida y registra las transacciones de manera segura e inmutable.

Una de las características más poderosas de los contratos inteligentes es su capacidad para automatizar procesos y eliminar la necesidad de confiar en terceros para hacer cumplir los términos del contrato. Esto significa que las partes involucradas en el contrato pueden confiar en la ejecución automática del contrato basada en reglas predefinidas, sin depender de intermediarios como abogados, notarios o instituciones financieras.

Por ejemplo, un contrato inteligente puede utilizarse para automatizar el proceso de pago de un alquiler de propiedad. Una vez que se cumple la fecha de vencimiento del alquiler, el contrato inteligente puede verificar automáticamente si se ha realizado el pago y, en caso afirmativo, transferir los fondos al arrendador. Si no se realiza el pago, el contrato inteligente puede imponer automáticamente una penalización o iniciar un proceso de resolución de disputas.

Otro ejemplo común de uso de contratos inteligentes es en el ámbito de las finanzas descentralizadas (DeFi), donde se utilizan para facilitar préstamos, intercambios y otros servicios financieros sin la necesidad de intermediarios. Los contratos inteligentes DeFi permiten a los usuarios acceder a servicios financieros de manera rápida, eficiente y transparente, sin depender de bancos u otras instituciones financieras tradicionales.

En resumen, los contratos inteligentes son una innovación revolucionaria que ofrece una forma segura, automatizada y eficiente de ejecutar acuerdos y transacciones en línea. Al eliminar la necesidad de intermediarios y confiar en la tecnología blockchain para validar y ejecutar contratos de manera segura, los contratos inteligentes tienen el potencial de transformar una amplia gama de industrias y aplicaciones, desde los servicios financieros hasta la gestión de la cadena de suministro y más allá.

- **Finanzas descentralizadas (DeFi)**: Las Finanzas Descentralizadas, conocidas como DeFi por sus siglas en inglés (Decentralized Finance), representan un ecosistema emergente que ofrece una amplia gama de servicios financieros, como préstamos, ahorros, intercambios y más, sin depender de intermediarios tradicionales como bancos u otras instituciones financieras. Estas plataformas DeFi operan en redes blockchain descentralizadas, como Ethereum, y utilizan contratos inteligentes para ejecutar y gestionar transacciones de manera transparente, eficiente y sin la necesidad de confiar en terceros.

  Una de las características más destacadas de DeFi es su accesibilidad. A diferencia de los servicios financieros tradicionales, que pueden estar sujetos a restricciones geográficas, barreras de entrada y requisitos de cumplimiento regulatorio, las plataformas DeFi están abiertas a cualquier persona con acceso a Internet y una billetera digital. Esto significa que las personas de todo el mundo, incluidas aquellas que no tienen acceso a servicios financieros tradicionales, pueden acceder a una variedad de servicios financieros DeFi de manera rápida y fácil.

  Además, DeFi ofrece transparencia y seguridad gracias a la tecnología blockchain subyacente. Todas las transacciones y operaciones en las plataformas DeFi se registran de manera inmutable en la cadena de bloques, lo que garantiza la transparencia y la integridad de las operaciones. Además, debido a la naturaleza descentralizada de las plataformas DeFi, los usuarios mantienen el control total de sus activos en todo momento, sin tener que confiar en terceros para gestionar o custodiar sus fondos.

  Entre los servicios financieros más comunes ofrecidos por las plataformas DeFi se encuentran:

    - **Préstamos y créditos**: Los usuarios pueden pedir prestados o prestar activos digitales a través de plataformas DeFi, utilizando contratos inteligentes para establecer términos y condiciones.

- **Intercambios descentralizados (DEX)**: Los DEX permiten a los usuarios intercambiar activos digitales directamente entre sí sin la necesidad de un intermediario centralizado.

- **Staking y yield farming**: Los usuarios pueden ganar intereses o recompensas al participar en el proceso de validación de transacciones o al proporcionar liquidez a los protocolos DeFi.

- **Fondos de inversión y pools de liquidez**: Los usuarios pueden invertir en fondos gestionados de manera descentralizada o participar en pools de liquidez para facilitar intercambios y obtener rendimientos.

En resumen, las Finanzas Descentralizadas (DeFi) están revolucionando el mundo financiero al ofrecer servicios financieros accesibles, transparentes y seguros sin depender de intermediarios tradicionales. Con un crecimiento explosivo en los últimos años, DeFi promete democratizar el acceso a servicios financieros y transformar la forma en que interactuamos con el dinero y los activos digitales.

- **Tokens no fungibles (NFTs)**: Representan la propiedad de activos digitales únicos, como arte, música y coleccionables.

Las criptomonedas están cambiando la forma en que interactuamos con el dinero y la tecnología, ofreciendo nuevas oportunidades y desafíos. Este libro te guiará a través de estos conceptos y te proporcionará las herramientas necesarias para aprovechar al máximo este emocionante mercado.

2.2. Historia de las criptomonedas

La historia de las criptomonedas es relativamente corta pero rica en eventos y desarrollos innovadores que han transformado el panorama financiero global. A continuación, se presenta un recorrido por los hitos más significativos desde la concepción de la idea hasta la evolución de un ecosistema completo.

Los Primeros Conceptos y Precursores

Década de 1980 y 1990: Los Primeros Intentos

La idea de dinero digital no es nueva y se remonta a varios intentos previos a las criptomonedas modernas. Durante las décadas de 1980 y 1990, varios pioneros exploraron la posibilidad de crear formas de dinero electrónico:

- **David Chaum y DigiCash (1989)**: David Chaum, un criptógrafo estadounidense, fundó DigiCash, una compañía que introdujo la idea de dinero electrónico anónimo. DigiCash utilizaba técnicas criptográficas para garantizar la privacidad de las transacciones. Aunque la empresa no tuvo éxito comercial y cerró en 1998, sentó las bases para futuras innovaciones en la moneda digital.
- **B-money y Bit Gold (1998)**: Wei Dai y Nick Szabo propusieron, de manera independiente, dos sistemas de moneda digital descentralizada. B-money de Dai describía un sistema de contratos inteligentes y dinero anónimo, mientras que Bit Gold de Szabo esbozaba un mecanismo para crear y transferir unidades de valor sin un intermediario central. Aunque ninguno de estos sistemas fue implementado, sus ideas influyeron en el desarrollo de Bitcoin.

El Nacimiento de Bitcoin

2008-2009: La Creación de Bitcoin

- **El Libro Blanco de Bitcoin (2008)**: En octubre de 2008, una persona o grupo de personas bajo el seudónimo de Satoshi Nakamoto publicó un libro blanco titulado "Bitcoin: A Peer-to-Peer Electronic Cash System". Este documento describía un sistema de dinero electrónico que permitía pagos en línea directamente de una parte a otra sin pasar por una institución financiera.
- **El Bloque Génesis (2009)**: El 3 de enero de 2009, Satoshi Nakamoto minó el primer bloque de la cadena de bloques de Bitcoin, conocido como el Bloque Génesis, marcando el inicio oficial de la red Bitcoin. La recompensa de este bloque fue de 50 bitcoins.
- **Primera Transacción de Bitcoin (2009)**: La primera transacción registrada en la red Bitcoin fue realizada por Satoshi Nakamoto y Hal Finney, un programador y uno de los primeros entusiastas de Bitcoin.

La Evolución y Expansión

2010-2013: Crecimiento Temprano y Primeros Usos

- **La Primera Transacción Comercial (2010)**: El 22 de mayo de 2010, conocido como el "Día de la Pizza de Bitcoin", Laszlo Hanyecz pagó 10,000 bitcoins por dos pizzas, realizando la primera transacción comercial conocida con Bitcoin. Este evento se celebra anualmente como un hito importante en la historia de las criptomonedas.

- **Creación de Exchanges de Criptomonedas**: En 2010, se fundaron los primeros exchanges de criptomonedas, como Mt. Gox, que permitieron a los usuarios comprar, vender y comerciar bitcoins con monedas tradicionales.
- **Altcoins**: A medida que Bitcoin ganaba popularidad, comenzaron a surgir otras criptomonedas, conocidas como altcoins. Litecoin, creada por Charlie Lee en 2011, fue una de las primeras y buscaba mejorar aspectos técnicos de Bitcoin, como el tiempo de confirmación de transacciones.

2014-2017: Innovación y Regulación

- **Ethereum y los Contratos Inteligentes (2015)**: Vitalik Buterin lanzó Ethereum, una plataforma descentralizada que permite la creación de contratos inteligentes y aplicaciones descentralizadas (dApps). Ethereum expandió significativamente las capacidades de las criptomonedas más allá de las simples transacciones financieras.
- **Incremento en la Regulación**: Con el aumento de la popularidad de las criptomonedas, los gobiernos y reguladores de todo el mundo comenzaron a prestar más atención. Países como Estados Unidos y Japón desarrollaron marcos regulatorios para supervisar las actividades relacionadas con criptomonedas y proteger a los inversores.

2018-Presente: Adopción Masiva y Desafíos

- **Adopción Institucional**: En los últimos años, las criptomonedas han visto una creciente adopción por parte de instituciones financieras, empresas y fondos de inversión. Empresas como Tesla y MicroStrategy han realizado inversiones significativas en Bitcoin.
- **Desarrollo de la DeFi y NFTs**: La Finanzas Descentralizadas (DeFi) ha emergido como una tendencia importante, proporcionando servicios financieros tradicionales, como préstamos y ahorros, en una plataforma descentralizada. Los Tokens No Fungibles (NFTs) también han ganado popularidad, permitiendo la propiedad y comercio de activos digitales únicos.
- **Desafíos y Oportunidades**: A pesar del crecimiento, las criptomonedas enfrentan desafíos significativos, incluidos problemas de escalabilidad, preocupaciones regulatorias y cuestiones de seguridad. Sin embargo, continúan ofreciendo oportunidades de innovación en múltiples industrias.

Conclusión

La historia de las criptomonedas es una historia de innovación, desafío y cambio constante. Desde los primeros intentos hasta el desarrollo de una industria global, las criptomonedas han demostrado ser una fuerza disruptiva en el mundo financiero. A medida que avanzamos, es probable que veamos aún más desarrollos emocionantes y transformadores en este espacio dinámico.

2.3. Tecnología Blockchain

Las criptomonedas han proliferado desde el lanzamiento de Bitcoin en 2009. Hoy en día, existen miles de criptomonedas, cada una con sus características y casos de uso únicos. A continuación, se presentan algunas de las criptomonedas más importantes y populares en el mercado.

Bitcoin (BTC)

Origen y Fundador

- **Lanzamiento**: 2009
- **Creador**: Satoshi Nakamoto (seudónimo)

Descripción Bitcoin fue la primera criptomoneda y sigue siendo la más conocida y valiosa. Se creó como una forma de dinero digital descentralizado que permite transacciones entre pares sin necesidad de intermediarios. La red de Bitcoin utiliza el consenso de Proof of Work (PoW) y se asegura mediante la minería, donde los mineros resuelven problemas criptográficos para añadir bloques a la blockchain.

Características Clave

- **Límite de suministro**: 21 millones de BTC
- **Transparencia**: Todas las transacciones son públicas y verificables
- **Descentralización**: No controlada por ninguna entidad central

Ethereum (ETH)

Origen y Fundador

- **Lanzamiento**: 2015
- **Creador**: Vitalik Buterin

Descripción Ethereum es una plataforma descentralizada que permite la creación y ejecución de contratos inteligentes (smart contracts) y aplicaciones descentralizadas (dApps). A diferencia de Bitcoin, que se centra principalmente en ser una moneda digital, Ethereum proporciona una infraestructura para aplicaciones que pueden operar sin intermediarios.

Características Clave

- **Contratos inteligentes**: Permiten ejecutar automáticamente acuerdos según términos predefinidos
- **dApps**: Aplicaciones que funcionan en la blockchain de Ethereum
- **Ether (ETH)**: La criptomoneda nativa de la red, utilizada para pagar las transacciones y servicios en la red Ethereum

Ripple (XRP)

Origen y Fundador

- **Lanzamiento**: 2012
- **Creadores**: Chris Larsen y Jed McCaleb

Descripción Ripple es una red de liquidación bruta en tiempo real y un sistema de cambio de divisas. Está diseñada principalmente para facilitar pagos transfronterizos rápidos y baratos. Ripple utiliza un consenso único a través de un grupo de servidores validados en lugar de la minería.

Características Clave

- **Velocidad**: Transacciones completadas en segundos
- **Costo**: Tarifas de transacción muy bajas
- **Uso institucional**: Adoptado por bancos y entidades financieras para transferencias internacionales

Litecoin (LTC)

Origen y Fundador

- **Lanzamiento**: 2011
- **Creador**: Charlie Lee

Descripción Litecoin fue creado como una "plata" al "oro" de Bitcoin, con el objetivo de proporcionar una versión más ligera y rápida de Bitcoin. Utiliza el algoritmo de hashing Scrypt, que es menos intensivo en términos de procesamiento que el SHA-256 utilizado por Bitcoin. Esto permite transacciones más rápidas y tarifas más bajas.

Características Clave

- **Tiempo de bloque**: Aproximadamente 2.5 minutos (comparado con los 10 minutos de Bitcoin)
- **Suministro máximo**: 84 millones de LTC

- Transacciones rápidas y económicas

Cardano (ADA)

Origen y Fundador

- **Lanzamiento**: 2017
- **Creador**: Charles Hoskinson (cofundador de Ethereum)

Descripción Cardano es una plataforma de blockchain de tercera generación que se enfoca en la seguridad, escalabilidad y sostenibilidad. Utiliza un algoritmo de consenso de Proof of Stake (PoS) llamado Ouroboros, que busca ser más eficiente energéticamente que el Proof of Work.

Características Clave

- **Investigación académica**: Desarrollada a partir de investigaciones revisadas por pares
- **PoS**: Permite a los usuarios validar transacciones y crear bloques según su participación en la red
- **Desarrollo modular**: Facilita actualizaciones y mejoras sin bifurcaciones difíciles

Binance Coin (BNB)

Origen y Fundador

- **Lanzamiento**: 2017
- **Creador**: Changpeng Zhao (CZ)

Descripción Binance Coin fue creada por el exchange de criptomonedas Binance. Inicialmente, BNB se lanzó como un token ERC-20 en la blockchain de Ethereum, pero posteriormente migró a su propia cadena, Binance Chain. BNB se utiliza principalmente para pagar tarifas de transacción en el exchange de Binance y para participar en ofertas iniciales de monedas (IEOs) en Binance Launchpad.

Características Clave

- **Tarifas reducidas**: Los usuarios pueden obtener descuentos en las tarifas de transacción cuando pagan con BNB
- **Uso diversificado**: Utilizado en diversas aplicaciones dentro del ecosistema Binance
- **Quema de tokens**: Binance periódicamente quema BNB para reducir el suministro y aumentar su valor

Polkadot (DOT)

Origen y Fundador

- **Lanzamiento**: 2020
- **Creador**: Gavin Wood (cofundador de Ethereum)

Descripción Polkadot es una plataforma de múltiples cadenas que permite que diferentes blockchains interactúen y compartan información de manera segura. Utiliza un diseño de parachain, donde múltiples blockchains específicas de la aplicación se conectan a una cadena central, conocida como la Relay Chain.

Características Clave

- **Interoperabilidad**: Facilita la comunicación entre diferentes blockchains
- **Escalabilidad**: Permite procesar múltiples transacciones en paralelo
- **Governance on-chain**: Los poseedores de DOT pueden participar en decisiones de gobernanza

Conclusión

Las criptomonedas mencionadas son solo una pequeña muestra del vasto y diverso ecosistema de monedas digitales. Cada una de ellas ofrece características únicas y resuelve diferentes problemas, contribuyendo al crecimiento y la evolución del espacio cripto. A medida que la tecnología avanza y más personas adoptan las criptomonedas, es probable que surjan nuevas monedas con innovaciones aún más sorprendentes.

2.4. Principales criptomonedas (Bitcoin, Ethereum, etc.)

Las criptomonedas han proliferado desde el lanzamiento de Bitcoin en 2009. Hoy en día, existen miles de criptomonedas, cada una con sus características y casos de uso únicos. A continuación, se presentan algunas de las criptomonedas más importantes y populares en el mercado.

Bitcoin (BTC)

Origen y Fundador

- **Lanzamiento**: 2009
- **Creador**: Satoshi Nakamoto (seudónimo)

Descripción Bitcoin fue la primera criptomoneda y sigue siendo la más conocida y valiosa. Se creó como una forma de dinero digital descentralizado que permite transacciones entre pares sin necesidad de intermediarios. La red de Bitcoin utiliza el consenso de Proof of Work (PoW) y se asegura mediante la minería, donde los mineros resuelven problemas criptográficos para añadir bloques a la blockchain.

Características Clave

- **Límite de suministro**: 21 millones de BTC
- **Transparencia**: Todas las transacciones son públicas y verificables
- **Descentralización**: No controlada por ninguna entidad central

Ethereum (ETH)

Origen y Fundador

- **Lanzamiento**: 2015
- **Creador**: Vitalik Buterin

Descripción Ethereum es una plataforma descentralizada que permite la creación y ejecución de contratos inteligentes (smart contracts) y aplicaciones descentralizadas (dApps). A diferencia de Bitcoin, que se centra principalmente en ser una moneda digital, Ethereum proporciona una infraestructura para aplicaciones que pueden operar sin intermediarios.

Características Clave

- **Contratos inteligentes**: Permiten ejecutar automáticamente acuerdos según términos predefinidos
- **dApps**: Aplicaciones que funcionan en la blockchain de Ethereum
- **Ether (ETH)**: La criptomoneda nativa de la red, utilizada para pagar las transacciones y servicios en la red Ethereum

Ripple (XRP)

Origen y Fundador

- **Lanzamiento**: 2012
- **Creadores**: Chris Larsen y Jed McCaleb

Descripción Ripple es una red de liquidación bruta en tiempo real y un sistema de cambio de divisas. Está diseñada principalmente para facilitar pagos transfronterizos rápidos y baratos. Ripple utiliza un consenso único a través de un grupo de servidores validados en lugar de la minería.

Características Clave

- **Velocidad**: Transacciones completadas en segundos
- **Costo**: Tarifas de transacción muy bajas
- **Uso institucional**: Adoptado por bancos y entidades financieras para transferencias internacionales

Litecoin (LTC)

Origen y Fundador

- **Lanzamiento**: 2011
- **Creador**: Charlie Lee

Descripción Litecoin fue creado como una "plata" al "oro" de Bitcoin, con el objetivo de proporcionar una versión más ligera y rápida de Bitcoin. Utiliza el algoritmo de hashing Scrypt, que es menos intensivo en términos de procesamiento que el SHA-256 utilizado por Bitcoin. Esto permite transacciones más rápidas y tarifas más bajas.

Características Clave

- **Tiempo de bloque**: Aproximadamente 2.5 minutos (comparado con los 10 minutos de Bitcoin)
- **Suministro máximo**: 84 millones de LTC
- **Transacciones rápidas y económicas**

Cardano (ADA)

Origen y Fundador

- **Lanzamiento**: 2017
- **Creador**: Charles Hoskinson (cofundador de Ethereum)

Descripción Cardano es una plataforma de blockchain de tercera generación que se enfoca en la seguridad, escalabilidad y sostenibilidad. Utiliza un algoritmo de consenso de Proof of Stake (PoS) llamado Ouroboros, que busca ser más eficiente energéticamente que el Proof of Work.

Características Clave

- **Investigación académica**: Desarrollada a partir de investigaciones revisadas por pares
- **PoS**: Permite a los usuarios validar transacciones y crear bloques según su participación en la red

- **Desarrollo modular**: Facilita actualizaciones y mejoras sin bifurcaciones difíciles

Binance Coin (BNB)

Origen y Fundador

- **Lanzamiento**: 2017
- **Creador**: Changpeng Zhao (CZ)

Descripción Binance Coin fue creada por el exchange de criptomonedas Binance. Inicialmente, BNB se lanzó como un token ERC-20 en la blockchain de Ethereum, pero posteriormente migró a su propia cadena, Binance Chain. BNB se utiliza principalmente para pagar tarifas de transacción en el exchange de Binance y para participar en ofertas iniciales de monedas (IEOs) en Binance Launchpad.

Características Clave

- **Tarifas reducidas**: Los usuarios pueden obtener descuentos en las tarifas de transacción cuando pagan con BNB
- **Uso diversificado**: Utilizado en diversas aplicaciones dentro del ecosistema Binance
- **Quema de tokens**: Binance periódicamente quema BNB para reducir el suministro y aumentar su valor

Polkadot (DOT)

Origen y Fundador

- **Lanzamiento**: 2020
- **Creador**: Gavin Wood (cofundador de Ethereum)

Descripción Polkadot es una plataforma de múltiples cadenas que permite que diferentes blockchains interactúen y compartan información de manera segura. Utiliza un diseño de parachain, donde múltiples blockchains específicas de la aplicación se conectan a una cadena central, conocida como la Relay Chain.

Características Clave

- **Interoperabilidad**: Facilita la comunicación entre diferentes blockchains
- **Escalabilidad**: Permite procesar múltiples transacciones en paralelo
- **Governance on-chain**: Los poseedores de DOT pueden participar en decisiones de gobernanza

Conclusión

Las criptomonedas mencionadas son solo una pequeña muestra del vasto y diverso ecosistema de monedas digitales. Cada una de ellas ofrece características únicas y resuelve diferentes problemas, contribuyendo al crecimiento y la evolución del espacio cripto. A medida que la tecnología avanza y más personas adoptan las criptomonedas, es probable que surjan nuevas monedas con innovaciones aún más sorprendentes.

3. Cómo Funciona el Mercado de Criptomonedas

El mercado de criptomonedas es un universo vibrante y dinámico que ha capturado la atención de inversores, entusiastas tecnológicos y expertos financieros por igual. En medio de la rápida evolución del panorama financiero global, las criptomonedas han emergido como una fuerza disruptiva, desafiando las convenciones tradicionales y redefiniendo la forma en que concebimos y gestionamos el valor digital.

En este capítulo, nos embarcaremos en un viaje para desentrañar los intrincados entresijos del mercado de criptomonedas. Desde comprender los fundamentos de cómo se negocian y valoran los activos digitales hasta explorar las fuerzas que impulsan la volatilidad y la liquidez en este espacio único, exploraremos los aspectos clave que dan forma al mercado de criptomonedas en constante evolución.

Nos sumergiremos en la mecánica detrás de los intercambios de criptomonedas, examinando cómo se ejecutan las transacciones y se establecen los precios en un entorno descentralizado y global. Además, analizaremos las estrategias y herramientas utilizadas por los inversores para tomar decisiones informadas en un mercado que opera las 24 horas del día, los 7 días de la semana.

A lo largo de este viaje, descubriremos las complejidades y oportunidades que ofrece el mercado de criptomonedas, así como los riesgos y desafíos inherentes a la inversión en este emocionante y cambiante paisaje financiero. Prepara tu mente para sumergirte en el mundo fascinante y a menudo impredecible del mercado de criptomonedas, donde cada transacción es una pieza del rompecabezas en constante evolución de la economía digital.

3.1. Exchanges de criptomonedas

Para invertir en criptomonedas, uno de los primeros pasos esenciales es la creación de una cartera digital. Una cartera de criptomonedas, también conocida como wallet, es una herramienta que permite almacenar, enviar y recibir criptomonedas de manera segura. A continuación, se detalla cómo crear una cartera de criptomonedas, los tipos disponibles y los aspectos clave a considerar.

Tipos de Carteras de Criptomonedas

1. **Carteras Hot (Calientes)**
    - **Carteras en línea**: Accesibles a través de un navegador web. Ejemplos incluyen exchanges como Binance y Coinbase.
    - **Carteras móviles**: Aplicaciones que se instalan en dispositivos móviles. Ejemplos: Trust Wallet y Mycelium.
    - **Carteras de escritorio**: Programas que se descargan e instalan en computadoras. Ejemplos: Exodus y Electrum.

2. **Carteras Cold (Frías)**
    - **Carteras hardware**: Dispositivos físicos que almacenan criptomonedas sin conexión a Internet. Ejemplos: Ledger Nano S y Trezor.
    - **Carteras de papel**: Claves privadas impresas en papel. Son muy seguras si se almacenan correctamente.

Pasos para Crear una Cartera de Criptomonedas

1. **Elegir el Tipo de Cartera** Decide si prefieres una cartera hot o cold, dependiendo de tus necesidades de accesibilidad y seguridad. Las carteras hot son más convenientes para el uso diario, mientras que las cold son más seguras para almacenamiento a largo plazo.
2. **Seleccionar un Proveedor de Cartera** Investiga y selecciona un proveedor de confianza. Algunas de las carteras más populares incluyen:
    - **Exchanges**: Binance, Coinbase, Kraken
    - **Carteras móviles**: Trust Wallet, Mycelium
    - **Carteras hardware**: Ledger, Trezor
3. **Descargar e Instalar la Cartera** Si eliges una cartera móvil o de escritorio, descarga la aplicación desde el sitio web oficial del proveedor y sigue las instrucciones de instalación. Asegúrate de descargar el software únicamente de fuentes oficiales para evitar riesgos de seguridad.
4. **Configurar la Cartera**
    - **Crear una nueva cartera**: Sigue las instrucciones para generar una nueva cartera. Esto usualmente implica la creación de un conjunto de claves criptográficas (clave pública y clave privada).

- Copia de seguridad de la clave privada: Anota la clave privada o frase de recuperación en un lugar seguro. Esta información es crucial para recuperar tus fondos en caso de pérdida o cambio de dispositivo.

5. **Proteger la Cartera**
    - **Establecer contraseñas fuertes**: Utiliza contraseñas complejas y únicas para acceder a tu cartera.
    - **Activar la autenticación de dos factores (2FA)**: Añade una capa adicional de seguridad mediante aplicaciones de autenticación como Google Authenticator.
6. **Depositar Criptomonedas en la Cartera**
    - **Comprar criptomonedas**: Si aún no tienes criptomonedas, puedes comprarlas en un exchange y transferirlas a tu nueva cartera.
    - **Transferencia**: Para transferir criptomonedas a tu cartera, proporciona la dirección pública de tu cartera al exchange o a la persona que te enviará las criptomonedas.

Consejos para la Seguridad de la Cartera

- **Actualiza regularmente**: Mantén tu software de cartera y dispositivos siempre actualizados para protegerte contra vulnerabilidades.
- **Evita redes públicas**: No accedas a tu cartera desde redes Wi-Fi públicas para evitar riesgos de hacking.
- **Divide tus fondos**: Considera mantener cantidades pequeñas para uso diario en una cartera hot y la mayor parte de tus fondos en una cartera cold.

Recuperación de la Cartera

En caso de pérdida de acceso a tu cartera, puedes recuperarla usando la clave privada o la frase de recuperación. Asegúrate de tener copias de seguridad almacenadas en lugares seguros, como una caja fuerte o un documento cifrado.

Conclusión

La creación de una cartera de criptomonedas es un paso fundamental para cualquier inversor. Al elegir el tipo adecuado de cartera y tomar medidas de seguridad apropiadas, puedes gestionar tus inversiones en criptomonedas de manera segura y eficiente. Una vez configurada tu cartera, estarás listo para comenzar a invertir y gestionar tus criptomonedas con confianza.

Las billeteras digitales, también conocidas como wallets, son herramientas esenciales para el manejo seguro y eficiente de criptomonedas. Existen varios tipos de billeteras digitales, cada una con sus propias características, ventajas y desventajas. Este apartado explorará las diferentes clases de billeteras digitales y proporcionará una guía para elegir y utilizar la más adecuada según tus necesidades.

Tipos de Billeteras Digitales

1. **Billeteras en Línea (Web Wallets)**
    - **Descripción**: Accesibles a través de un navegador web y generalmente proporcionadas por exchanges de criptomonedas.
    - **Ventajas**: Fácil acceso desde cualquier dispositivo con conexión a internet, ideal para transacciones rápidas y comercio frecuente.
    - **Desventajas**: Mayor riesgo de seguridad debido a su exposición constante a internet y la necesidad de confiar en terceros para la seguridad de los fondos.
    - **Ejemplos**: Binance, Coinbase, Kraken.
2. **Billeteras Móviles (Mobile Wallets)**
    - **Descripción**: Aplicaciones descargables e instalables en smartphones y tablets.
    - **Ventajas**: Portabilidad y conveniencia, perfecta para uso diario y pagos móviles.
    - **Desventajas**: Riesgo de pérdida o robo del dispositivo, lo que puede comprometer los fondos si no se toman precauciones adecuadas.
    - **Ejemplos**: Trust Wallet, Mycelium, Coinomi.
3. **Billeteras de Escritorio (Desktop Wallets)**
    - **Descripción**: Programas descargables e instalables en computadoras de escritorio o portátiles.
    - **Ventajas**: Mayor control sobre la seguridad, ya que los datos se almacenan localmente. Ofrecen funcionalidades avanzadas para usuarios experimentados.
    - **Desventajas**: Menor conveniencia en comparación con las billeteras móviles, riesgo de malware y virus.
    - **Ejemplos**: Exodus, Electrum, Atomic Wallet.
4. **Billeteras de Hardware (Hardware Wallets)**
    - **Descripción**: Dispositivos físicos que almacenan criptomonedas sin conexión a internet.
    - **Ventajas**: Máxima seguridad al mantener las claves privadas fuera de línea. Protege contra ataques cibernéticos y phishing.
    - **Desventajas**: Menos conveniente para transacciones diarias, costo inicial más alto.
    - **Ejemplos**: Ledger Nano S, Ledger Nano X, Trezor.
5. **Billeteras de Papel (Paper Wallets)**

- **Descripción**: Documentos impresos que contienen claves públicas y privadas.
- **Ventajas**: Muy seguras si se almacenan correctamente, ya que están completamente fuera de línea.
- **Desventajas**: Riesgo de pérdida, daño físico o deterioro. No son prácticas para el comercio frecuente.
- **Cómo Crear**: Generar claves a través de servicios como BitAddress o WalletGenerator, imprimirlas y guardarlas en un lugar seguro.

Consideraciones para Elegir una Billetera

1. **Seguridad**
   - Prioriza billeteras con características de seguridad robustas, como autenticación de dos factores (2FA), cifrado avanzado y respaldo de claves privadas.

2. **Conveniencia**
   - Elige una billetera que se ajuste a tu estilo de vida y necesidades de transacción. Las billeteras móviles son ideales para pagos frecuentes, mientras que las billeteras de hardware son mejores para almacenamiento a largo plazo.

3. **Compatibilidad**
   - Asegúrate de que la billetera soporte las criptomonedas que deseas almacenar y manejar. Algunas billeteras son específicas para ciertas monedas, mientras que otras ofrecen soporte multi-criptomoneda.

4. **Reputación y Respaldo de la Comunidad**
   - Investiga las opiniones y experiencias de otros usuarios. Las billeteras con buena reputación y respaldo de la comunidad suelen ser más confiables.

5. **Facilidad de Uso**
   - Considera la interfaz de usuario y la facilidad de uso, especialmente si eres nuevo en el mundo de las criptomonedas. Una billetera intuitiva puede facilitar el manejo de tus fondos.

Configuración y Uso de una Billetera Digital

1. **Descarga e Instalación**

- Descarga la billetera desde el sitio oficial o la tienda de aplicaciones autorizada. Instala siguiendo las instrucciones específicas del proveedor.

2. **Creación de la Billetera**
   - Genera una nueva billetera. Este proceso usualmente incluye la creación de una clave pública y una clave privada.

3. **Copia de Seguridad**
   - Realiza una copia de seguridad de tu clave privada o frase de recuperación (también conocida como semilla). Almacénala en un lugar seguro, como un documento cifrado o una caja fuerte.

4. **Protección Adicional**
   - Activa la autenticación de dos factores y establece contraseñas seguras. Considera el uso de medidas adicionales como el almacenamiento en frío para cantidades significativas de criptomonedas.

5. **Realización de Transacciones**
   - Para recibir criptomonedas, proporciona tu dirección pública al remitente. Para enviar, ingresa la dirección del destinatario y confirma la transacción. Revisa siempre los detalles cuidadosamente para evitar errores.

Buenas Prácticas de Seguridad

1. **Mantén el Software Actualizado**
   - Actualiza regularmente tu billetera y software de seguridad para protegerte contra vulnerabilidades.

2. **Evita Redes Públicas**
   - No accedas a tu billetera desde redes Wi-Fi públicas para prevenir ataques man-in-the-middle.

3. **Divide tus Fondos**

- Utiliza varias billeteras para distribuir tus fondos. Mantén cantidades pequeñas para transacciones diarias en una billetera hot y la mayor parte de tus fondos en una billetera cold.

Conclusión

Las billeteras digitales son fundamentales para la gestión de criptomonedas. Elegir la billetera adecuada y seguir prácticas de seguridad robustas puede proteger tus inversiones y facilitar el manejo diario de tus fondos. Con la billetera correcta, estarás bien equipado para explorar y aprovechar el mundo de las criptomonedas de manera segura y eficiente.

3.3. Seguridad en las transacciones

La seguridad en las transacciones de criptomonedas es crucial para proteger tus inversiones y datos personales. Las criptomonedas, aunque ofrecen un alto grado de seguridad inherente debido a la tecnología blockchain, requieren que los usuarios sigan prácticas de seguridad adicionales para protegerse contra el fraude, el robo y las vulnerabilidades. A continuación, se presentan los aspectos más importantes para asegurar las transacciones de criptomonedas.

Prácticas Esenciales de Seguridad

1. **Uso de Autenticación de Dos Factores (2FA)**
   - **Qué es**: Un sistema de verificación que requiere dos formas de identificación antes de permitir el acceso.
   - **Cómo implementarlo**: Utiliza aplicaciones como Google Authenticator o Authy para añadir una capa adicional de seguridad a tus cuentas en exchanges y billeteras.

2. **Contraseñas Fuertes y Únicas**
   - **Qué es**: Contraseñas que combinan letras mayúsculas y minúsculas, números y símbolos.
   - **Cómo implementarlo**: Crea contraseñas largas y complejas, y usa un gestor de contraseñas para mantenerlas seguras y únicas para cada cuenta.

3. **Verificación de Direcciones**

- **Qué es**: Confirmar que la dirección de destino de la transacción es correcta.
- **Cómo implementarlo**: Siempre verifica manualmente la dirección antes de enviar criptomonedas. Usa funciones de verificación visual como la comparación de los primeros y últimos caracteres de la dirección.

4. **Cuidado con el Phishing**
   - **Qué es**: Ataques en los que los delincuentes intentan engañarte para que reveles información personal o claves de acceso.
   - **Cómo implementarlo**: Desconfía de correos electrónicos o mensajes no solicitados que te pidan información personal. Verifica siempre las URL antes de ingresar datos y no hagas clic en enlaces sospechosos.

Protección de Claves Privadas

1. **Almacenamiento Seguro**
   - **Qué es**: Guardar las claves privadas en un lugar donde no puedan ser fácilmente accesibles por terceros.
   - **Cómo implementarlo**: Utiliza billeteras hardware o billeteras de papel y guarda las claves en lugares seguros, como una caja fuerte.

2. **No Compartir Claves Privadas**
   - **Qué es**: Mantener tus claves privadas confidenciales.
   - **Cómo implementarlo**: Nunca compartas tus claves privadas con nadie y desconfía de cualquier solicitud de estas claves.

Uso de Software Confiable

1. **Exchanges de Confianza**
   - **Qué es**: Plataformas de intercambio de criptomonedas que tienen buena reputación y medidas de seguridad robustas.
   - **Cómo implementarlo**: Investiga y utiliza solo exchanges reconocidos y revisa las políticas de seguridad que ofrecen.

2. **Billeteras Reputadas**
   - **Qué es**: Aplicaciones de billetera que tienen buena reputación y han sido auditadas por expertos en seguridad.
   - **Cómo implementarlo**: Selecciona billeteras que sean recomendadas por la comunidad y que tengan características de seguridad avanzadas.

3. **Software Actualizado**
   - **Qué es**: Mantener el software de tu billetera y otros programas relacionados con criptomonedas actualizados.
   - **Cómo implementarlo**: Activa las actualizaciones automáticas y verifica regularmente si hay nuevas versiones del software que utilizas.

Reducción de Riesgos en Transacciones

1. **Transacciones Pequeñas de Prueba**
   - **Qué es**: Enviar una pequeña cantidad de criptomonedas antes de realizar una transacción grande.
   - **Cómo implementarlo**: Envía una transacción pequeña para verificar que la dirección y los detalles sean correctos antes de transferir cantidades significativas.

2. **División de Fondos**
   - **Qué es**: Distribuir tus criptomonedas entre varias billeteras para minimizar el riesgo.
   - **Cómo implementarlo**: Utiliza múltiples billeteras, incluyendo billeteras cold para almacenamiento a largo plazo y billeteras hot para transacciones diarias.

3. **Uso de Redes Seguras**
   - **Qué es**: Realizar transacciones solo desde redes de internet seguras y confiables.
   - **Cómo implementarlo**: Evita utilizar redes Wi-Fi públicas o compartidas para realizar transacciones. Usa una VPN para añadir una capa adicional de seguridad.

Monitoreo y Auditoría

1. **Revisiones Regulares**
   - **Qué es**: Monitorear tus cuentas y transacciones regularmente para detectar actividad sospechosa.
   - **Cómo implementarlo**: Revisa los registros de transacciones en tus billeteras y exchanges frecuentemente. Configura alertas para movimientos inusuales.

2. **Auditoría de Seguridad**
   - **Qué es**: Evaluaciones periódicas de las medidas de seguridad para asegurar que estén actualizadas y efectivas.
   - **Cómo implementarlo**: Realiza auditorías de seguridad regularmente y actualiza las políticas y prácticas de seguridad según sea necesario.

Educación Continua

1. **Mantente Informado**
   - **Qué es**: Estar al tanto de las últimas noticias y tendencias en seguridad de criptomonedas.
   - **Cómo implementarlo**: Sigue blogs, foros y fuentes de noticias confiables sobre criptomonedas. Participa en comunidades y grupos para compartir y recibir información sobre seguridad.

2. **Capacitación en Seguridad**
   - **Qué es**: Formarte continuamente sobre las mejores prácticas de seguridad.
   - **Cómo implementarlo**: Realiza cursos y talleres sobre seguridad en criptomonedas, y aplica los conocimientos adquiridos para mejorar la protección de tus activos.

Conclusión

La seguridad en las transacciones de criptomonedas es un aspecto fundamental que requiere atención constante y prácticas sólidas. Al implementar las medidas de seguridad descritas y mantenerse informado sobre las mejores prácticas, puedes proteger tus inversiones y reducir significativamente el riesgo de pérdida o robo de tus criptomonedas. La seguridad es una responsabilidad compartida y una inversión en tu tranquilidad y protección financiera.

3.4. Regulaciones y legislación

Las criptomonedas operan en un entorno regulatorio en constante evolución, con diferentes países adoptando enfoques diversos hacia su regulación y legislación. La falta de uniformidad y claridad regulatoria ha generado desafíos y oportunidades para los participantes en el ecosistema de criptomonedas. En este apartado, exploraremos las regulaciones y legislaciones pertinentes, así como su impacto en el uso y la adopción de criptomonedas.

Estado Actual de las Regulaciones

1. **Enfoques Regulatorios Divergentes**
   - **Qué son**: Diferentes países tienen diferentes enfoques hacia la regulación de las criptomonedas, desde la adopción amigable hasta la prohibición total.
   - **Ejemplos**:
     - **Regulación Amigable**: Países como Suiza, Singapur y Malta han adoptado enfoques regulatorios favorables que promueven la innovación y el crecimiento del sector de criptomonedas.
     - **Prohibiciones**: Otros países, como China y Bolivia, han prohibido o restringido severamente el uso y comercio de criptomonedas.

2. **Legislación en Desarrollo**
   - **Qué es**: Muchos países están en proceso de desarrollar legislaciones específicas para regular las criptomonedas y las actividades relacionadas.
   - **Objetivos**: Las legislaciones buscan abordar preocupaciones como lavado de dinero, evasión fiscal, protección al consumidor y estabilidad financiera.

Principales Áreas de Regulación

1. **Conoce a tu Cliente (KYC) y Anti-Lavado de Dinero (AML)**
   - **Objetivo**: Verificar la identidad de los usuarios y prevenir el uso de criptomonedas para actividades ilegales como lavado de dinero y financiamiento del terrorismo.
   - **Requisitos**: Exchanges y proveedores de servicios financieros deben implementar políticas KYC/AML que incluyan la recopilación de información de identificación personal y la vigilancia de transacciones sospechosas.

2. **Impuestos**
   - **Objetivo**: Regular la tributación de las ganancias y transacciones en criptomonedas para garantizar el cumplimiento fiscal.
   - **Enfoques**: Algunos países gravan las ganancias de capital, las transacciones y los ingresos generados mediante criptomonedas, mientras que otros aún están desarrollando políticas fiscales específicas.

3. **Protección al Consumidor**
   - **Objetivo**: Salvaguardar los derechos y seguridad de los usuarios de criptomonedas, incluida la protección contra fraudes y estafas.
   - **Medidas**: Implementación de medidas de divulgación, educación y resolución de disputas para proteger a los consumidores.

4. **Estabilidad Financiera**
   - **Objetivo**: Mitigar riesgos sistémicos y garantizar la estabilidad del sistema financiero en relación con las actividades relacionadas con criptomonedas.
   - **Acciones**: Supervisión de exchanges y otras instituciones cripto para identificar y abordar riesgos potenciales para la estabilidad financiera.

Impacto en el Ecosistema de Criptomonedas

1. **Adopción y Desarrollo**
   - **Efecto Positivo**: Regulaciones claras y favorables pueden promover la adopción masiva y fomentar el desarrollo de infraestructuras y servicios relacionados con criptomonedas.
   - **Desafíos**: Regulaciones excesivamente restrictivas o ambiguas pueden obstaculizar la innovación y desalentar la inversión en el sector.

2. **Seguridad y Confianza del Inversionista**
   - **Efecto Positivo**: Regulaciones efectivas pueden aumentar la confianza del inversor al proporcionar un marco legal claro y protecciones contra riesgos asociados con criptomonedas.
   - **Desafíos**: La incertidumbre regulatoria puede generar preocupaciones sobre la seguridad y estabilidad del mercado, lo que puede disuadir a los inversores potenciales.

3. **Globalización y Cooperación Regulatoria**
   - **Efecto Positivo**: La colaboración internacional en regulación puede ayudar a abordar preocupaciones transfronterizas y promover estándares globales de buenas prácticas.
   - **Desafíos**: Diferencias en los enfoques regulatorios entre países pueden generar conflictos y dificultar la cooperación internacional.

Perspectivas Futuras

1. **Mayor Claridad Regulatoria**

- Se espera que más países desarrollen y aclaren su enfoque hacia la regulación de criptomonedas, lo que proporcionará mayor certeza y estabilidad al ecosistema.

2. **Adopción Institucional**
   - La entrada de instituciones financieras tradicionales al espacio cripto puede influir en la formulación de políticas y en la dirección de las regulaciones futuras.

3. **Innovación y Adaptación**
   - La regulación continuará siendo un tema de debate y evolución a medida que el ecosistema de criptomonedas evoluciona y se adapta a las cambiantes dinámicas del mercado y las necesidades regulatorias.

Conclusiones

Las regulaciones y legislaciones son elementos fundamentales que moldean el entorno operativo y de inversión en el espacio de las criptomonedas. A medida que los gobiernos y reguladores continúan desarrollando marcos legales y políticas regulatorias, es crucial que los participantes en el ecosistema comprendan y se adapten a estos cambios para garantizar la conformidad y mitigar riesgos. La colaboración entre los actores del sector público y privado es esencial para promover un entorno regulatorio que fomente la innovación, la protección del consumidor y la estabilidad financiera.

4. Estrategias de Inversión

Invertir en criptomonedas es un arte que combina la ciencia de la inversión tradicional con la innovación y la volatilidad del mundo digital. En un ecosistema donde la incertidumbre y la oportunidad coexisten de manera intrincada, las estrategias de inversión juegan un papel crucial en el éxito y la protección del capital en el mercado de criptomonedas.

En este capítulo, nos sumergiremos en el emocionante y desafiante mundo de las estrategias de inversión en criptomonedas. Exploraremos una variedad de enfoques y técnicas utilizadas por inversores experimentados para maximizar ganancias, gestionar riesgos y navegar por la complejidad del mercado de activos digitales.

Desde estrategias de inversión a largo plazo que buscan capturar el potencial de crecimiento a largo plazo de proyectos prometedores hasta tácticas de trading diario que buscan aprovechar la volatilidad a corto plazo del mercado, examinaremos una amplia gama de enfoques para satisfacer las necesidades y objetivos de inversión de cada individuo.

Además, exploraremos la importancia de la diversificación del portafolio y la gestión de riesgos en un mercado tan dinámico y cambiante. Aprenderemos cómo construir un portafolio equilibrado que pueda resistir la volatilidad del mercado y proteger el capital contra posibles pérdidas.

A lo largo de este capítulo, descubriremos los principios fundamentales que guían las estrategias de inversión en criptomonedas, así como las lecciones aprendidas de la experiencia y la observación del mercado. Prepárate para sumergirte en el fascinante mundo de las estrategias de inversión en criptomonedas, donde cada decisión representa una oportunidad para crecer, aprender y prosperar en el emocionante paisaje financiero digital.

4.1. Inversión a corto plazo vs. largo plazo

La estrategia de inversión en criptomonedas puede variar significativamente según el horizonte temporal de inversión, ya sea a corto plazo o a largo plazo. Ambos enfoques tienen sus propias características, riesgos y beneficios. En este apartado, exploraremos las diferencias entre la inversión a corto y largo plazo en el contexto de las criptomonedas.

Inversión a Corto Plazo

1. **Definición**
   - Se refiere a la compra y venta de criptomonedas dentro de un período relativamente breve, que puede ser desde días hasta meses.
2. **Objetivo**
   - Obtener ganancias rápidas aprovechando las fluctuaciones del mercado en el corto plazo.
3. **Características**
   - Mayor volatilidad: Las criptomonedas son conocidas por su volatilidad, lo que puede generar oportunidades de ganancias significativas en períodos cortos, pero también aumenta el riesgo de pérdidas.

   - Mayor actividad comercial: Los inversores a corto plazo realizan operaciones con mayor frecuencia, aprovechando las oportunidades de compra y venta en el mercado.

- Requiere habilidades de análisis técnico: La inversión a corto plazo a menudo implica el uso de análisis técnico y herramientas de negociación para identificar tendencias y patrones de precios.

4. **Riesgos**
    - Riesgo de pérdida rápida: La volatilidad del mercado puede resultar en pérdidas significativas si las operaciones no son exitosas.
    - Costos de transacción: Las comisiones asociadas con la compra y venta frecuente de criptomonedas pueden reducir las ganancias potenciales.

Inversión a Largo Plazo

1. **Definición**
    - Implica la compra de criptomonedas con la intención de mantenerlas durante un período prolongado, que puede ser de varios años.

2. **Objetivo**
    - Acumular riqueza a largo plazo aprovechando el potencial de crecimiento a largo plazo de las criptomonedas y la tecnología blockchain.

3. **Características**
    - Menor volatilidad a largo plazo: Aunque las criptomonedas pueden experimentar volatilidad en el corto plazo, históricamente han mostrado una tendencia al alza a largo plazo.
    - Estrategia de compra y retención: Los inversores a largo plazo tienden a adoptar una estrategia de "comprar y mantener", ignorando las fluctuaciones a corto plazo y enfocándose en el potencial de crecimiento a largo plazo.
    - Menores costos de transacción: Dado que las operaciones son menos frecuentes, los costos de transacción son generalmente más bajos en comparación con la inversión a corto plazo.

4. **Riesgos**
   - Riesgo de volatilidad a corto plazo: Aunque la tendencia general puede ser alcista a largo plazo, las criptomonedas pueden experimentar fuertes fluctuaciones de precios en el corto plazo, lo que puede afectar el valor de la inversión.

Consideraciones para Elegir entre Inversión a Corto y Largo Plazo

1. **Tolerancia al riesgo**
   - Los inversores deben evaluar su tolerancia al riesgo y horizonte temporal de inversión antes de decidir entre estrategias a corto o largo plazo.

2. **Objetivos financieros**
   - Los objetivos financieros individuales, como la acumulación de capital a largo plazo o la generación de ingresos a corto plazo, también influirán en la elección de la estrategia de inversión.

3. **Conocimiento del mercado**
   - La comprensión del mercado de criptomonedas y la capacidad para realizar análisis técnico y fundamental pueden ser factores determinantes en la elección entre inversión a corto o largo plazo.

4. **Diversificación de cartera**
   - Los inversores pueden optar por diversificar su cartera con una combinación de inversiones a corto y largo plazo para mitigar riesgos y aprovechar oportunidades en diferentes horizontes temporales.

Conclusión

Tanto la inversión a corto como a largo plazo en criptomonedas tienen sus propias ventajas y desafíos. Los inversores deben considerar cuidadosamente su tolerancia al riesgo, objetivos financieros y conocimiento del mercado al elegir entre estas estrategias. Independientemente del enfoque seleccionado, la paciencia, la disciplina y la diligencia son fundamentales para el éxito a largo plazo en el mercado de criptomonedas.

4.2. Trading diario

El trading diario, también conocido como day trading, es una estrategia de inversión que implica la compra y venta frecuente de activos financieros dentro del mismo día de negociación. En el contexto de las criptomonedas, el trading diario se ha vuelto popular debido a la alta volatilidad del mercado y las oportunidades potenciales de ganancias. En este apartado, exploraremos los fundamentos del trading diario en criptomonedas, sus características distintivas y los factores clave a considerar.

Fundamentos del Trading Diario

1. **Compra y Venta Frecuente**
    - Los traders diarios realizan múltiples operaciones de compra y venta durante el mismo día de negociación, aprovechando las fluctuaciones de precios a corto plazo.

2. **Análisis Técnico**
    - El análisis técnico es una herramienta fundamental para los traders diarios, que utilizan gráficos, indicadores y patrones de precios para identificar oportunidades de entrada y salida del mercado.

3. **Apalancamiento**
    - Algunos traders diarios utilizan el apalancamiento para aumentar su poder adquisitivo y potenciales ganancias. Sin embargo, el apalancamiento también aumenta el riesgo de pérdidas.

4. **Riesgos y Volatilidad**
    - El trading diario en criptomonedas conlleva riesgos significativos debido a la volatilidad del mercado. Las ganancias pueden ser sustanciales, pero también pueden producirse pérdidas considerables en un corto período de tiempo.

Características del Trading Diario en Criptomonedas

1. **Alta Volatilidad**
    - Las criptomonedas son conocidas por su alta volatilidad, lo que proporciona oportunidades de ganancias rápidas pero también aumenta el riesgo de pérdidas.

2. **Mercado las 24 Horas**
   - El mercado de criptomonedas opera las 24 horas del día, los 7 días de la semana, lo que permite a los traders diarios acceder a oportunidades de negociación en cualquier momento.

3. **Rápida Ejecución de Órdenes**
   - Las plataformas de trading de criptomonedas ofrecen una ejecución de órdenes rápida y eficiente, lo que permite a los traders diarios aprovechar las oportunidades de mercado en tiempo real.

4. **Costos de Transacción**
   - Los costos de transacción pueden ser significativos para los traders diarios debido a las comisiones de intercambio y los spreads. Estos costos pueden reducir las ganancias potenciales y deben tenerse en cuenta al realizar operaciones frecuentes.

Estrategias Comunes de Trading Diario en Criptomonedas

1. **Scalping**
   - El scalping implica la realización de múltiples operaciones de compra y venta en períodos de tiempo muy cortos, buscando obtener pequeñas ganancias en cada operación.

2. **Day Trading de Alta Frecuencia (HFT)**
   - El HFT es una forma de trading diario que utiliza algoritmos y sistemas informáticos para ejecutar un gran número de operaciones en fracciones de segundo, aprovechando pequeñas discrepancias de precios.

3. **Trading de Ruptura (Breakout)**
   - Esta estrategia implica identificar niveles de soporte y resistencia en los gráficos de precios y realizar operaciones basadas en el rompimiento de estos niveles.

4. **Trading de Noticias**

- Los traders diarios pueden aprovechar las noticias y eventos importantes para realizar operaciones rápidas y aprovechar la volatilidad del mercado que surge de estas noticias.

Factores a Considerar

1. **Tolerancia al Riesgo**
   - El trading diario en criptomonedas puede ser altamente volátil y especulativo. Los traders deben evaluar su tolerancia al riesgo y estar preparados para enfrentar pérdidas significativas.

2. **Capital y Gestión del Riesgo**
   - Es importante tener un capital suficiente y aplicar una adecuada gestión del riesgo para protegerse contra pérdidas excesivas. Esto incluye establecer límites de pérdidas y utilizar órdenes de stop-loss.

3. **Conocimiento del Mercado**
   - Los traders diarios deben tener un buen entendimiento del mercado de criptomonedas, así como de las herramientas y técnicas de trading, para tomar decisiones informadas y estratégicas.

4. **Disciplina y Psicología del Trading**
   - La disciplina y el control emocional son fundamentales para el éxito en el trading diario. Los traders deben ser capaces de mantener la calma y seguir su plan de trading incluso en situaciones de alta presión y volatilidad.

Conclusión

El trading diario en criptomonedas puede ser una estrategia lucrativa para aquellos con el conocimiento, la disciplina y la tolerancia al riesgo adecuados. Sin embargo, también conlleva riesgos significativos y no es adecuado para todos los inversores. Es importante comprender completamente los riesgos involucrados y realizar una investigación exhaustiva antes de embarcarse en el trading diario en el mercado de criptomonedas.

4.3. HODLing

"HODLing" es un término que ha trascendido el mundo de las criptomonedas para convertirse en un mantra para muchos inversores digitales. Originado en un foro de Bitcoin en 2013, este término se deriva de un error tipográfico en el que un usuario escribió "hodl" en lugar de "hold" durante un período de volatilidad del mercado. Desde entonces, el concepto de HODLing ha ganado popularidad y se ha convertido en una estrategia de inversión ampliamente adoptada por aquellos que buscan mantener sus criptomonedas a largo plazo, en lugar de ceder a la tentación de vender en respuesta a los vaivenes del mercado.

La estrategia de HODLing se basa en la premisa de la confianza en el potencial a largo plazo de las criptomonedas, independientemente de las fluctuaciones de precios a corto plazo. En lugar de intentar cronometrar el mercado y aprovechar las oscilaciones de precios para obtener ganancias rápidas, los hodlers optan por mantener sus activos digitales durante períodos prolongados, con la creencia de que su valor aumentará significativamente con el tiempo.

Una de las razones principales detrás del HODLing es la creencia en el potencial disruptivo y transformador de la tecnología blockchain subyacente a las criptomonedas. Los hodlers confían en que estas tecnologías revolucionarias cambiarán fundamentalmente la forma en que interactuamos y gestionamos el valor en el futuro, lo que resultará en un aumento sostenido en el valor de las criptomonedas a largo plazo.

Además, el HODLing ofrece una serie de beneficios prácticos para los inversores. Al mantener las criptomonedas a largo plazo, los hodlers pueden evitar las comisiones y los impuestos asociados con las transacciones frecuentes, así como reducir la tentación de tomar decisiones impulsivas basadas en las fluctuaciones del mercado a corto plazo. Además, el HODLing puede proporcionar paz mental y una sensación de seguridad financiera a largo plazo, al permitir que los inversores confíen en el potencial de sus activos digitales a pesar de la volatilidad del mercado.

Sin embargo, el HODLing no está exento de consideraciones importantes. Los hodlers deben ser conscientes de los riesgos inherentes a la inversión en criptomonedas, incluida la posibilidad de pérdidas significativas debido a la volatilidad del mercado y la incertidumbre regulatoria. Además, es importante mantenerse informado sobre los desarrollos y tendencias en el espacio de las criptomonedas para tomar decisiones de inversión informadas y mantener una cartera diversificada.

En resumen, el HODLing representa una estrategia de inversión sólida y ampliamente adoptada en el mundo de las criptomonedas, basada en la confianza en el potencial a largo plazo de las tecnologías blockchain y en la resistencia a la volatilidad del mercado a corto plazo. Al explorar los fundamentos, razones y beneficios del HODLing, los inversores pueden tomar decisiones informadas y construir una estrategia de inversión sólida y resiliente en el emocionante paisaje financiero digital.

Fundamentos del HODLing

1. **Mantener a Largo Plazo**
   - El HODLing implica mantener las criptomonedas durante períodos prolongados, independientemente de las fluctuaciones del mercado a corto plazo.

2. **Confianza en el Potencial a Largo Plazo**
   - Los HODLers confían en el potencial a largo plazo de las criptomonedas y creen que su valor aumentará significativamente en el futuro.

3. **Resistencia a la Volatilidad**
   - Los HODLers están dispuestos a soportar la volatilidad del mercado sin sucumbir al pánico de vender en respuesta a las fluctuaciones de precios.

Razones y Beneficios del HODLing

1. **Potencial de Crecimiento**
   - Los HODLers creen que las criptomonedas tienen un potencial de crecimiento significativo a largo plazo debido a la adopción creciente, la innovación tecnológica y la escasez de oferta.

2. **Evitar el Timing del Mercado**
   - El HODLing evita la necesidad de intentar predecir los movimientos del mercado a corto plazo, lo que puede ser impredecible y arriesgado.

3. **Reducción de Impuestos**
   - Mantener las criptomonedas a largo plazo puede proporcionar beneficios fiscales en algunas jurisdicciones, ya que las ganancias de capital pueden

estar sujetas a tasas impositivas más favorables después de ciertos períodos de tenencia.

4. **Resistencia Emocional**
   - El HODLing promueve la disciplina emocional y la resistencia psicológica al desalentar la toma de decisiones impulsivas basadas en el miedo o la codicia.

Consideraciones del HODLing

1. **Investigación y Diversificación**
   - Es importante realizar una investigación exhaustiva y diversificar el portafolio de criptomonedas para mitigar riesgos y maximizar el potencial de crecimiento a largo plazo.

2. **Gestión del Riesgo**
   - Aunque el HODLing puede ser una estrategia efectiva, los inversores deben ser conscientes de los riesgos asociados, incluida la posibilidad de pérdidas significativas en caso de una disminución del valor del mercado.

3. **Evaluación Continua**
   - Los HODLers deben realizar evaluaciones periódicas de su inversión y estar preparados para ajustar su estrategia si las circunstancias del mercado o sus objetivos financieros cambian.

Conclusión

El HODLing es una estrategia de inversión popular en el mundo de las criptomonedas que se basa en la creencia en el potencial de crecimiento a largo plazo de las criptomonedas y la resistencia a la volatilidad del mercado. Si bien puede ofrecer beneficios significativos, es importante que los inversores comprendan completamente los riesgos involucrados y realicen una investigación diligente antes de comprometerse con esta estrategia. En última instancia, la decisión de HODL o no dependerá de los objetivos financieros individuales, la tolerancia al riesgo y la capacidad para resistir la tentación de vender en respuesta a las fluctuaciones del mercado a corto plazo.

4.4. Diversificación de portafolio

La diversificación de portafolio es una estrategia fundamental en la gestión de inversiones que consiste en distribuir los activos entre diferentes clases de activos para reducir el riesgo y maximizar el potencial de retorno. En el contexto de las criptomonedas, la diversificación de portafolio es igualmente importante para mitigar riesgos y aprovechar oportunidades en un mercado altamente volátil y en evolución. A continuación, exploraremos los fundamentos de la diversificación de portafolio en criptomonedas, sus beneficios y algunas consideraciones importantes.

Fundamentos de la Diversificación de Portafolio

1. **Distribución de Activos**
    - La diversificación de portafolio implica invertir en diferentes criptomonedas y/o clases de activos relacionados, como acciones, bonos o metales preciosos, para reducir la exposición a riesgos específicos.
2. **Reducción de Riesgos**
    - La diversificación ayuda a reducir el riesgo total del portafolio al disminuir la correlación entre los activos individuales y evitar la concentración excesiva en una sola inversión.
3. **Maximización del Potencial de Retorno**
    - Al invertir en una variedad de activos, los inversores pueden maximizar el potencial de retorno al capitalizar diferentes oportunidades de crecimiento en varios segmentos del mercado.

Beneficios de la Diversificación de Portafolio

1. **Protección contra la Volatilidad**
    - La diversificación ayuda a suavizar las fluctuaciones del valor del portafolio al distribuir los riesgos entre diferentes activos, lo que puede reducir la volatilidad total del portafolio.
2. **Minimización del Riesgo Específico**
    - Al invertir en una variedad de activos, los inversores pueden evitar la exposición excesiva a riesgos específicos de un activo individual o sector del mercado.
3. **Aprovechamiento de Oportunidades de Mercado**
    - La diversificación permite a los inversores aprovechar oportunidades de crecimiento en diferentes sectores del mercado, incluso cuando algunos segmentos pueden estar experimentando un bajo rendimiento.

Estrategias de Diversificación en Criptomonedas

1. **Diversificación por Tipo de Criptomoneda**
   - Los inversores pueden diversificar su portafolio invirtiendo en diferentes tipos de criptomonedas, como Bitcoin, Ethereum, altcoins y stablecoins, para aprovechar las diferentes características y casos de uso de cada una.
2. **Diversificación por Capitalización de Mercado**
   - La diversificación por capitalización de mercado implica invertir en criptomonedas de diferentes tamaños, desde las más grandes (como Bitcoin y Ethereum) hasta las de menor capitalización, para equilibrar el riesgo y el potencial de retorno.
3. **Diversificación por Sector o Industria**
   - Los inversores pueden diversificar su portafolio invirtiendo en criptomonedas que pertenecen a diferentes sectores o industrias, como finanzas descentralizadas (DeFi), juegos, identidad digital, entre otros, para capturar oportunidades de crecimiento en múltiples áreas.

Consideraciones de la Diversificación de Portafolio

1. **Investigación y Análisis**
   - Es importante realizar una investigación exhaustiva y un análisis diligente antes de diversificar el portafolio en criptomonedas, para entender las características individuales de cada activo y sus perspectivas de crecimiento.
2. **Gestión del Riesgo**
   - Los inversores deben aplicar una adecuada gestión del riesgo al diversificar su portafolio, estableciendo límites de exposición a diferentes activos y reequilibrando el portafolio según sea necesario.
3. **Evaluación Continua**
   - La diversificación de portafolio no es una estrategia estática y debe ser revisada y ajustada periódicamente según las condiciones del mercado y los objetivos financieros del inversor.

Conclusión

La diversificación de portafolio es una estrategia esencial en la gestión de inversiones en criptomonedas que ayuda a reducir riesgos y maximizar oportunidades de retorno. Al invertir en una variedad de criptomonedas y/o clases de activos relacionados, los inversores pueden protegerse contra la volatilidad del mercado y aprovechar oportunidades de crecimiento en diferentes sectores. Sin embargo, es importante realizar una investigación adecuada, aplicar una gestión del riesgo apropiada y revisar regularmente el portafolio para garantizar que se alinee con los objetivos financieros a largo plazo del inversor.

5. Análisis de Mercado

En el mundo de las criptomonedas, el análisis de mercado desempeña un papel fundamental en la toma de decisiones informadas y estratégicas. Con un mercado que opera las 24 horas del día, los 7 días de la semana y una volatilidad que puede desafiar incluso a los inversores más experimentados, comprender los principios del análisis de mercado es esencial para navegar con éxito por el emocionante, pero a menudo impredecible paisaje financiero digital.

En este capítulo, nos sumergiremos en el apasionante mundo del análisis de mercado en el contexto de las criptomonedas. Exploraremos las diferentes técnicas, herramientas y enfoques utilizados por los analistas y traders para evaluar la dirección y la salud del mercado, identificar oportunidades de inversión y gestionar el riesgo de manera efectiva.

Desde el análisis técnico, que utiliza datos históricos de precios y patrones de gráficos para predecir movimientos futuros del mercado, hasta el análisis fundamental, que evalúa los factores económicos, tecnológicos y regulatorios que pueden influir en el valor de una criptomoneda, examinaremos una amplia gama de metodologías y enfoques para comprender y anticipar el comportamiento del mercado.

Además, exploraremos la importancia de las noticias y eventos del mercado en la formación de tendencias y la volatilidad del mercado de criptomonedas. Analizaremos cómo las noticias de última hora, los desarrollos tecnológicos y las decisiones regulatorias pueden tener un impacto significativo en los precios y el sentimiento del mercado, y cómo los inversores pueden utilizar esta información para tomar decisiones informadas y oportunas.

A lo largo de este capítulo, descubriremos los principios fundamentales del análisis de mercado en el mundo de las criptomonedas, así como las estrategias y mejores prácticas utilizadas por los profesionales para obtener una ventaja competitiva en un mercado en constante evolución. Prepárate para sumergirte en el fascinante mundo del análisis de mercado en el emocionante paisaje financiero digital, donde cada tendencia, patrón y evento del mercado representa una oportunidad para crecer, aprender y prosperar como inversor.

5.1. Análisis técnico

El análisis técnico es una herramienta crucial utilizada por los inversores y traders en el mercado de criptomonedas para tomar decisiones de inversión basadas en el estudio de los movimientos históricos de precios y los patrones de mercado. Este enfoque se basa en la premisa de que el comportamiento pasado del precio y el volumen puede ayudar a predecir las tendencias futuras del mercado. A continuación, exploraremos en detalle el análisis técnico en el contexto de las criptomonedas:

Principios Fundamentales

1. **Gráficos de Precios**
   - Los gráficos de precios son la base del análisis técnico y muestran la evolución del precio de una criptomoneda a lo largo del tiempo, lo que permite identificar patrones y tendencias.
2. **Indicadores Técnicos**
   - Los indicadores técnicos, como el RSI (Índice de Fuerza Relativa), MACD (Convergencia/Divergencia de Medias Móviles) y las Bandas de Bollinger, se utilizan para analizar el comportamiento del precio y proporcionar señales de compra o venta.
3. **Soporte y Resistencia**
   - Los niveles de soporte representan áreas donde el precio tiende a encontrar un piso y rebotar al alza, mientras que los niveles de resistencia son áreas donde el precio tiende a encontrar techo y retroceder a la baja.

Herramientas Comunes

1. **Medias Móviles**
   - Las medias móviles suavizan las fluctuaciones del precio y ayudan a identificar la dirección de la tendencia. Las medias móviles más utilizadas incluyen la media móvil simple (SMA) y la media móvil exponencial (EMA).
2. **Volumen de Operaciones**
   - El volumen de operaciones refleja la cantidad de criptomonedas que se han comprado o vendido durante un período de tiempo específico y puede proporcionar confirmación o divergencia con los movimientos de precios.
3. **Patrones Gráficos**
   - Los patrones gráficos, como cabeza y hombros, banderas, triángulos y doble fondo, pueden proporcionar señales sobre la dirección futura del precio y posibles puntos de entrada o salida del mercado.

Estrategias de Trading

1. **Tendencia**
   - Los traders pueden seguir la tendencia del mercado y abrir posiciones en la dirección de la tendencia dominante, utilizando indicadores como las medias móviles para confirmar la dirección.
2. **Ruptura**
   - Los traders pueden buscar oportunidades de trading basadas en rupturas de niveles de soporte o resistencia significativos, utilizando indicadores de momento como el RSI para confirmar la fuerza de la ruptura.
3. **Reversión a la Media**
   - Los traders pueden buscar operaciones basadas en la idea de que los precios tienden a volver a su media histórica después de desviaciones significativas, utilizando indicadores como las Bandas de Bollinger para identificar niveles extremos.

Consideraciones

1. **Análisis Fundamental**
   - Es importante combinar el análisis técnico con el análisis fundamental, que evalúa los fundamentos subyacentes de una criptomoneda, como la tecnología, el equipo de desarrollo y las perspectivas de adopción.
2. **Gestión del Riesgo**
   - La gestión del riesgo es fundamental en el trading basado en análisis técnico, incluida la utilización de órdenes de stop-loss para limitar las pérdidas en caso de movimientos adversos del mercado.
3. **Educación y Práctica**
   - Los inversores deben dedicar tiempo a educarse sobre los principios y estrategias del análisis técnico y practicar en un entorno simulado antes de operar con capital real en el mercado de criptomonedas.

El análisis técnico puede ser una herramienta poderosa para los inversores y traders en el mercado de criptomonedas, proporcionando información valiosa sobre los movimientos de precios y las tendencias del mercado. Sin embargo, es importante tener en cuenta que el análisis técnico no es infalible y debe utilizarse junto con otras formas de análisis y una gestión adecuada del riesgo para tomar decisiones de inversión informadas.

5.2. Análisis fundamental

El análisis fundamental es una metodología de evaluación de activos financieros que se centra en examinar los factores subyacentes que pueden influir en su valor intrínseco. En el contexto de las criptomonedas, el análisis fundamental busca comprender los fundamentos del proyecto, su tecnología, equipo de desarrollo, casos de uso, adopción y otros factores que pueden afectar su valor a largo plazo. A continuación, exploraremos en detalle el análisis fundamental en el contexto de las criptomonedas:

Factores Fundamentales a Considerar

1. **Tecnología y Protocolo**
   - La tecnología subyacente de una criptomoneda, como su algoritmo de consenso, escalabilidad, seguridad y capacidades de contratos inteligentes, puede tener un impacto significativo en su utilidad y viabilidad a largo plazo.
2. **Equipo de Desarrollo**
   - El equipo de desarrollo detrás de una criptomoneda juega un papel crucial en su éxito futuro, evaluando la experiencia, el compromiso y la capacidad para innovar y mantener y mejorar el proyecto.
3. **Adopción y Uso Real**
   - La adopción y el uso real de una criptomoneda en aplicaciones prácticas, como pagos, contratos inteligentes, finanzas descentralizadas (DeFi) y juegos, pueden indicar su utilidad y demanda a largo plazo.
4. **Ecosistema y Comunidad**
   - El tamaño y la salud del ecosistema y la comunidad que rodea a una criptomoneda, incluida la actividad en redes sociales, foros y comunidades de desarrolladores, pueden proporcionar información sobre su fuerza y resiliencia.

Métricas y Herramientas de Evaluación

1. **Capitalización de Mercado**
   - La capitalización de mercado de una criptomoneda, calculada multiplicando su precio por la cantidad total de monedas en circulación, puede proporcionar una indicación de su tamaño y relevancia en el mercado.
2. **Volumen de Operaciones**
   - El volumen de operaciones diario de una criptomoneda refleja la cantidad de activos que se están comprando y vendiendo en el mercado, lo que puede indicar la liquidez y el interés de los inversores.

3. **Adopción y Uso**

- Las métricas relacionadas con la adopción y el uso real de una criptomoneda, como transacciones diarias, direcciones activas, valor total bloqueado (TVL) en protocolos DeFi, pueden proporcionar una visión de su utilidad práctica y demanda.

Estrategias de Evaluación

1. **Análisis de Proyectos y Whitepapers**
   - Los inversores pueden realizar una evaluación detallada de los proyectos de criptomonedas, incluida la lectura de whitepapers, para comprender su tecnología, casos de uso, hoja de ruta y ventajas competitivas.
2. **Seguimiento de Noticias y Eventos**
   - Estar al tanto de noticias y eventos importantes en el espacio cripto, como actualizaciones de protocolo, asociaciones, listados en intercambios, regulaciones y anuncios de desarrollo, puede proporcionar información valiosa sobre el estado y las perspectivas de una criptomoneda.
3. **Análisis Comparativo**
   - Comparar una criptomoneda con sus competidores y proyectos similares en términos de tecnología, adopción, comunidad y otros factores puede ayudar a evaluar su posición relativa y su potencial de crecimiento.

Consideraciones

1. **Perspectiva a Largo Plazo**
   - El análisis fundamental se centra en evaluar el valor intrínseco de una criptomoneda a largo plazo, por lo que los inversores deben adoptar una perspectiva a largo plazo y evitar reacciones impulsivas a corto plazo.
2. **Riesgos y Volatilidad**
   - Aunque el análisis fundamental puede proporcionar una base sólida para la toma de decisiones de inversión, es importante tener en cuenta que el mercado de criptomonedas es altamente volátil y puede verse afectado por una variedad de factores externos e impredecibles.
3. **Complemento con Análisis Técnico**
   - El análisis fundamental y técnico son enfoques complementarios y pueden proporcionar una imagen más completa y perspicaz del mercado de criptomonedas cuando se utilizan juntos de manera efectiva.

El análisis fundamental en criptomonedas es una herramienta poderosa para los inversores que buscan comprender y evaluar el valor intrínseco de los proyectos y tomar decisiones de inversión informadas. Al considerar los factores fundamentales clave, utilizar las herramientas y métricas adecuadas, y adoptar una perspectiva a largo plazo, los inversores pueden mejorar su capacidad para identificar oportunidades de inversión sólidas en el mercado de criptomonedas.

5.3. Indicadores clave

Los indicadores clave son métricas específicas utilizadas para evaluar el rendimiento y la salud de un proyecto de criptomonedas. Estas métricas proporcionan información importante sobre diversos aspectos del proyecto, como su adopción, uso, liquidez y estabilidad. Aquí hay algunos indicadores clave comunes utilizados en el análisis de proyectos de criptomonedas:

1. **Capitalización de Mercado (Market Cap):** La capitalización de mercado es el valor total de todas las criptomonedas en circulación y se calcula multiplicando el precio actual de la criptomoneda por su suministro circulante. Es una medida importante de la valoración general de un proyecto.

2. **Volumen de Operaciones (Trading Volume):** El volumen de operaciones indica la cantidad total de una criptomoneda que se ha comprado y vendido en un período de tiempo específico. Un alto volumen de operaciones generalmente indica una mayor liquidez y actividad en el mercado.

3. **Número de Transacciones (Transaction Count):** Este indicador muestra la cantidad de transacciones que se realizan en la red de una criptomoneda en un período de tiempo determinado. Un aumento en el número de transacciones puede indicar un mayor uso y adopción de la criptomoneda.

4. **Direcciones Activas (Active Addresses):** Las direcciones activas representan el número de direcciones de billetera que han participado en transacciones dentro de un período de tiempo específico. Un aumento en las direcciones activas puede indicar un crecimiento en la base de usuarios y la actividad de la red.

5. **Valor Total Bloqueado (Total Value Locked, TVL):** Este indicador se utiliza principalmente en el contexto de los protocolos de finanzas descentralizadas (DeFi) y muestra el valor total de los activos bloqueados en un protocolo DeFi específico. El TVL es una medida de la cantidad de capital que está siendo utilizado dentro del ecosistema DeFi.

6. **Ratio de Adopción (Adoption Rate):** El ratio de adopción compara la cantidad de usuarios activos de una criptomoneda con su base total de usuarios potenciales. Un alto ratio de adopción puede indicar una fuerte aceptación y uso de la criptomoneda.

7. **Ratio de Participación (Staking Ratio):** Este indicador muestra la proporción de criptomonedas en circulación que están siendo stakeadas o bloqueadas en un protocolo de prueba de participación (PoS). Un alto ratio de participación puede indicar una alta confianza en el proyecto y una mayor seguridad de la red.
8. **Índice de Fuerza Relativa (Relative Strength Index, RSI):** El RSI es un indicador técnico que mide la velocidad y el cambio de los movimientos de precios de una criptomoneda. Se utiliza para determinar si una criptomoneda está sobrecomprada o sobrevendida en el mercado.

Estos son solo algunos ejemplos de indicadores clave utilizados en el análisis de proyectos de criptomonedas. La elección de los indicadores adecuados dependerá de los objetivos específicos de análisis y las características del proyecto en cuestión. Es importante tener en cuenta que ningún indicador proporciona una imagen completa por sí solo, y a menudo se utilizan en conjunto para evaluar de manera más completa el rendimiento y la salud de un proyecto de criptomonedas.

5.4. Herramientas y recursos

Para analizar criptomonedas de manera efectiva, es fundamental utilizar una variedad de herramientas y recursos disponibles en línea. Estas herramientas pueden proporcionar datos en tiempo real, análisis de mercado, seguimiento de carteras, investigación de proyectos y más. Aquí hay algunas categorías de herramientas y recursos útiles para invertir y operar en el mercado de criptomonedas:

Plataformas de Trading e Intercambio

1. **Bolsas de Criptomonedas:** Plataformas como Binance, Coinbase, Kraken y Bitfinex ofrecen una amplia variedad de criptomonedas para negociar, así como funciones avanzadas como órdenes stop-loss y gráficos de precios.
2. **Plataformas de Trading:** Herramientas como TradingView y Coinigy proporcionan gráficos avanzados, indicadores técnicos y capacidades de trading automatizado para ayudar en el análisis técnico y la ejecución de operaciones.

Seguimiento de Precios y Mercado

1. **CoinMarketCap:** Ofrece datos en tiempo real sobre el precio, la capitalización de mercado, el volumen de operaciones y más para miles de criptomonedas, junto con información sobre exchanges y proyectos.
2. **CoinGecko:** Similar a CoinMarketCap, CoinGecko proporciona datos detallados sobre criptomonedas, incluidas métricas como el TVL de DeFi, el ratio de participación, la adopción y más.
3. **CryptoCompare:** Proporciona información detallada sobre precios, datos históricos, gráficos y análisis de mercado para criptomonedas y pares de trading.

Portafolio y Gestión de Activos

1. **Blockfolio:** Una aplicación popular que permite a los usuarios realizar un seguimiento de sus inversiones en criptomonedas, ver el rendimiento de su portafolio en tiempo real y recibir alertas de precios.
2. **Delta:** Similar a Blockfolio, Delta es una aplicación de gestión de portafolio que ofrece seguimiento de inversiones, análisis de mercado y herramientas de gestión de activos.

Investigación y Análisis

1. **Whitepapers:** Los documentos técnicos de los proyectos de criptomonedas proporcionan información detallada sobre la tecnología, casos de uso, hoja de ruta y equipo detrás del proyecto.
2. **Foros y Comunidades:** Plataformas como Reddit (r/CryptoCurrency), Telegram y Discord son lugares donde los inversores pueden discutir proyectos, compartir ideas y obtener información sobre el mercado.
3. **Blogs y Medios Especializados:** Sitios como CoinDesk, CoinTelegraph y Decrypt ofrecen noticias, análisis de mercado y artículos informativos sobre criptomonedas y blockchain.

Educación y Formación

1. **Cursos en Línea:** Plataformas como Udemy, Coursera y YouTube ofrecen una variedad de cursos y tutoriales sobre criptomonedas, trading, análisis técnico, blockchain y más.
2. **Libros:** Hay una amplia selección de libros sobre criptomonedas y blockchain que cubren una variedad de temas, desde introducciones básicas hasta análisis avanzados y estrategias de inversión.
3. **Podcasts:** Los podcasts sobre criptomonedas, como "The Pomp Podcast" y "Unchained", ofrecen entrevistas con expertos del sector, análisis de mercado y discusiones sobre temas actuales.

Seguridad y Almacenamiento

1. **Billeteras de Criptomonedas:** Hardware wallets como Ledger y Trezor ofrecen almacenamiento seguro fuera de línea para criptomonedas, mientras que billeteras de software como Exodus y Trust Wallet son opciones populares para dispositivos móviles y de escritorio.
2. **Autenticación de Dos Factores (2FA):** Habilitar la autenticación de dos factores en todas las cuentas relacionadas con criptomonedas agrega una capa adicional de seguridad para proteger contra el acceso no autorizado.

Estas son solo algunas de las herramientas y recursos disponibles para aquellos interesados en invertir y operar en el mercado de criptomonedas. Es importante investigar y probar diferentes herramientas para encontrar las que mejor se adapten a tus necesidades y estrategias de inversión. Además, mantenerse actualizado con las últimas noticias y desarrollos en el espacio cripto puede ser fundamental para tomar decisiones informadas y aprovechar las oportunidades en el mercado.

6. Gestión de Riesgos

En el mundo vertiginoso y a menudo impredecible de las criptomonedas, la gestión de riesgos es un componente esencial para el éxito y la seguridad de cualquier inversor. Con la volatilidad como una característica inherente del mercado, entender y mitigar los riesgos asociados con la inversión en activos digitales es fundamental para proteger el capital y maximizar los rendimientos a largo plazo.

En este capítulo, nos sumergiremos en el apasionante mundo de la gestión de riesgos en el contexto de las criptomonedas. Exploraremos las diversas amenazas y desafíos que enfrentan los inversores en este emocionante paisaje financiero digital, desde la volatilidad del mercado hasta la seguridad de la billetera y la exposición a riesgos regulatorios.

Comenzaremos examinando los principios fundamentales de la gestión de riesgos y cómo se aplican en el contexto de las criptomonedas. Analizaremos las diferentes categorías de riesgos a las que están expuestos los inversores, incluidos los riesgos de mercado, operativos, de seguridad y regulatorios, y exploraremos estrategias efectivas para identificar, evaluar y mitigar estos riesgos de manera proactiva.

Además, discutiremos la importancia de la diversificación del portafolio y la asignación de activos en la gestión de riesgos en criptomonedas. Analizaremos cómo construir un portafolio equilibrado que pueda resistir la volatilidad del mercado y proteger el capital contra posibles pérdidas, a través de una combinación inteligente de activos digitales y estrategias de inversión.

A lo largo de este capítulo, descubriremos cómo los inversores pueden utilizar herramientas y técnicas avanzadas, como el análisis técnico, el análisis fundamental y la gestión de carteras, para tomar decisiones informadas y gestionar eficazmente el riesgo en el emocionante, pero a menudo desafiante mundo de las criptomonedas. Prepárate para sumergirte en el fascinante mundo de la gestión de riesgos en el universo de las criptomonedas, donde cada desafío presenta una oportunidad para crecer, aprender y prosperar como inversor.

6.1. Identificación de riesgos

Identificar y comprender los riesgos asociados con la inversión en criptomonedas es fundamental para tomar decisiones informadas y gestionar adecuadamente tu cartera de activos digitales. Aquí hay algunos riesgos importantes a considerar:

1. Volatilidad del Mercado

- Las criptomonedas son conocidas por su volatilidad extrema. Los precios pueden experimentar cambios significativos en cortos períodos de tiempo, lo que puede resultar en ganancias rápidas pero también en pérdidas considerables.

2. Riesgo de Seguridad

- Las plataformas de intercambio y las billeteras digitales pueden ser vulnerables a ciberataques y robos. Es importante utilizar medidas de seguridad como la autenticación de dos factores (2FA) y almacenar las criptomonedas en billeteras seguras, como las hardware wallets.

3. Riesgo Regulatorio

- Los cambios en la regulación gubernamental pueden afectar significativamente el valor y la viabilidad de las criptomonedas. La incertidumbre regulatoria puede crear volatilidad adicional en el mercado y afectar la adopción y el uso de criptomonedas.

4. Riesgo de Liquidez

- Algunas criptomonedas pueden tener una liquidez limitada en ciertos mercados, lo que puede dificultar la compra o venta de grandes cantidades de activos sin afectar significativamente el precio.

5. Riesgo Tecnológico

- Los proyectos de criptomonedas están sujetos a riesgos tecnológicos, como fallas en el código, vulnerabilidades de seguridad y problemas de escalabilidad. Los inversores deben investigar y comprender la tecnología subyacente de los proyectos en los que invierten.

6. Riesgo de Contraparte

- Al utilizar servicios como préstamos, staking o participación en DeFi, los inversores están expuestos al riesgo de contraparte, donde una parte incumplida puede resultar en pérdidas financieras.

7. Riesgo de Pérdida de Claves Privadas

- Las criptomonedas se almacenan en billeteras digitales que están protegidas por claves privadas. La pérdida o robo de estas claves privadas puede resultar en la pérdida permanente de los activos asociados.

8. Riesgo de Mercado

- Los cambios en las condiciones del mercado, como eventos económicos globales, noticias adversas o fluctuaciones en el mercado financiero tradicional, pueden afectar el precio y la percepción de las criptomonedas.

9. Riesgo de Fraude y Estafas

- El mercado de criptomonedas está plagado de proyectos fraudulentos, esquemas Ponzi y estafas de inversión. Los inversores deben ser cautelosos y realizar una investigación exhaustiva antes de invertir en cualquier proyecto.

10. Riesgo de Comportamiento del Inversor

- Los inversores pueden verse afectados por sesgos cognitivos, emociones y comportamientos irracionales que pueden llevar a decisiones de inversión subóptimas, como comprar en picos de precios o vender en pánico durante caídas del mercado.

Es importante tener en cuenta que estos riesgos no son exhaustivos y pueden variar según el proyecto específico, las condiciones del mercado y otros factores. Los inversores deben realizar una evaluación completa de los riesgos asociados con cada inversión y considerar su tolerancia al riesgo antes de comprometer capital en el mercado de criptomonedas. Además, la diversificación de la cartera y la adopción de prácticas de gestión de riesgos pueden ayudar a mitigar los impactos negativos de los riesgos identificados.

6.2. Estrategias de mitigación

Para mitigar los riesgos asociados con la inversión en criptomonedas, es importante adoptar una serie de estrategias y prácticas que ayuden a proteger tus activos y a minimizar la exposición a posibles pérdidas. Aquí hay algunas estrategias de mitigación de riesgos que puedes considerar:

1. Diversificación de la Cartera

- Distribuye tus inversiones en diferentes criptomonedas y clases de activos para reducir la exposición a riesgos específicos. No coloques todos tus fondos en un solo proyecto o activo.

2. Investigación Exhaustiva

- Realiza una investigación completa sobre los proyectos en los que planeas invertir. Examina el equipo detrás del proyecto, su tecnología, casos de uso, hoja de ruta y perspectivas futuras.

3. Utilización de Stop-Loss

- Utiliza órdenes de stop-loss para establecer niveles de precio en los que estás dispuesto a vender tus criptomonedas y limitar las pérdidas en caso de movimientos desfavorables del mercado.

4. Almacenamiento Seguro

- Almacena tus criptomonedas de manera segura en billeteras fuera de línea (hardware wallets) que proporcionen un alto nivel de seguridad contra ciberataques y robos.

5. Autenticación de Dos Factores (2FA)

- Habilita la autenticación de dos factores en todas tus cuentas relacionadas con criptomonedas para agregar una capa adicional de seguridad y proteger tus activos contra el acceso no autorizado.

6. Mantenimiento de Claves Privadas

- Guarda tus claves privadas de manera segura y nunca las compartas con nadie. La pérdida o robo de claves privadas puede resultar en la pérdida permanente de tus activos.

7. Revisión Periódica de Inversiones

- Realiza revisiones regulares de tu cartera de criptomonedas y ajusta tus inversiones según sea necesario para garantizar que estén alineadas con tus objetivos financieros y la evolución del mercado.

8. Educación Continua

- Mantente informado sobre los últimos desarrollos en el mercado de criptomonedas y mejora tu comprensión de los conceptos clave, estrategias de inversión y tendencias del mercado.

9. Gestión del Riesgo

- Establece límites de exposición a riesgos y define una estrategia de gestión del riesgo que te ayude a tomar decisiones informadas y a controlar el tamaño de tus posiciones.

10. Prudencia en la Inversión

- Sé prudente al invertir y evita caer en la codicia o el miedo. No inviertas más de lo que estás dispuesto a perder y mantén una mentalidad a largo plazo en tus decisiones de inversión.

Además de estas estrategias, es importante recordar que ninguna estrategia puede eliminar completamente los riesgos asociados con la inversión en criptomonedas. Sin embargo, al implementar estas prácticas y mantener una actitud cautelosa y disciplinada, puedes reducir significativamente tu exposición a posibles pérdidas y aumentar tus posibilidades de éxito en el mercado de criptomonedas.

6.3. Psicología del inversor

La psicología del inversor juega un papel crucial en el éxito a largo plazo en el mercado de criptomonedas. Las emociones y los sesgos cognitivos pueden influir en las decisiones de inversión y en la gestión de riesgos de los inversores. Aquí hay algunos aspectos clave de la psicología del inversor que debes tener en cuenta:

1. Emociones y Ciclo del Mercado

- Las emociones como el miedo, la codicia, la euforia y el pánico pueden llevar a comportamientos irracionales y a decisiones de inversión impulsivas. Los inversores deben ser conscientes de cómo estas emociones pueden influir en sus decisiones y aprender a mantener la calma y la objetividad, especialmente durante periodos de alta volatilidad.

2. Sesgos Cognitivos

- Los sesgos cognitivos son patrones de pensamiento predecibles que pueden distorsionar la percepción y el juicio de los inversores. Algunos ejemplos comunes incluyen la aversión a la pérdida, la confirmación de la tendencia, el exceso de confianza y el efecto manada. Reconocer y mitigar estos sesgos puede ayudar a tomar decisiones más racionales y fundamentadas.

3. Gestión del Riesgo

- La gestión del riesgo es fundamental para proteger tu capital y evitar pérdidas significativas. Establece límites de pérdida y tamaño de posición, y utiliza herramientas como stop-loss para limitar las pérdidas en caso de movimientos adversos del mercado.

4. Perspectiva a Largo Plazo

- Adopta una perspectiva a largo plazo en tus inversiones y evita reaccionar impulsivamente a las fluctuaciones del mercado a corto plazo. Mantén un enfoque disciplinado y basado en fundamentos, y no te dejes llevar por el ruido del mercado o las tendencias de corto plazo.

5. Educación y Conocimiento

- Mejora tu comprensión del mercado de criptomonedas, sus fundamentos y sus dinámicas. La educación continua te ayudará a tomar decisiones más informadas y a estar mejor preparado para enfrentar los desafíos y oportunidades del mercado.

6. Tolerancia al Riesgo

- Evalúa tu tolerancia al riesgo y establece una estrategia de inversión que se alinee con tus objetivos financieros y tu capacidad para soportar pérdidas. No inviertas más de lo que estás dispuesto a perder y diversifica tu cartera para reducir la exposición a riesgos específicos.

7. Adaptabilidad

- El mercado de criptomonedas es dinámico y está en constante evolución. Sé flexible y adaptable en tu enfoque de inversión, y ajusta tu estrategia según sea necesario para adaptarte a los cambios en las condiciones del mercado y las tendencias emergentes.

8. Resiliencia

- Las pérdidas y los contratiempos son inevitables en el mercado de criptomonedas. Mantén una actitud positiva y resiliente frente a los obstáculos, aprende de tus errores y continúa mejorando y creciendo como inversor.

Al comprender y gestionar adecuadamente la psicología del inversor, puedes aumentar tus posibilidades de éxito y mantener una mentalidad equilibrada y disciplinada en tus decisiones de inversión en el emocionante pero volátil mundo de las criptomonedas.

6.4. Casos de estudio

El mercado de criptomonedas está lleno de historias fascinantes que ofrecen valiosas lecciones sobre inversión, innovación y los desafíos inherentes al ecosistema blockchain. En este apartado, exploraremos una serie de casos de estudio que ilustran diferentes aspectos del mercado de criptomonedas y proporcionan ideas útiles para inversores y entusiastas por igual.

1. Bitcoin y la Adopción Institucional
- Este caso de estudio examina la evolución de Bitcoin desde su creación hasta convertirse en un activo reconocido a nivel institucional. Se analizan eventos clave como la entrada de empresas como MicroStrategy y Tesla en el mercado de Bitcoin, así como la aceptación creciente de Bitcoin como reserva de valor por parte de fondos de inversión de renombre.

2. Ethereum y el Auge de los Contratos Inteligentes
- Exploraremos cómo Ethereum ha revolucionado el espacio de las criptomonedas con su capacidad para ejecutar contratos inteligentes y aplicaciones descentralizadas. Este caso de estudio destacará casos de uso populares como DeFi, NFTs y DAOs, así como los desafíos y controversias asociados con la escalabilidad y la seguridad de la red Ethereum.

3. El Colapso de Bitconnect
- Este caso de estudio arroja luz sobre el infame colapso de Bitconnect en 2018, un esquema Ponzi que resultó en pérdidas masivas para los inversores. Se examinarán las señales de advertencia y los indicadores de fraude que rodearon a Bitconnect, así como las lecciones aprendidas sobre la importancia de la debida diligencia y la prudencia en la inversión en criptomonedas.

4. El Auge y Caída de las ICOs
- Se analiza el auge y declive de las Ofertas Iniciales de Monedas (ICOs) durante el mercado alcista de 2017. Este caso de estudio explorará ejemplos de ICOs

exitosas y fracasadas, así como las lecciones aprendidas sobre la evaluación de proyectos, la gestión de riesgos y la regulación en el espacio de las criptomonedas.

5. La Volatilidad del Mercado y el Efecto del Halving de Bitcoin

- Este caso de estudio se centrará en la volatilidad del mercado de criptomonedas, con un enfoque especial en el impacto del halving de Bitcoin en los precios y la percepción del mercado. Se analizarán los ciclos de mercado pasados de Bitcoin, sus patrones de precios y la relación con eventos como los halvings, así como las estrategias de inversión basadas en estos datos históricos.

Cada caso de estudio proporciona una visión única sobre diferentes aspectos del mercado de criptomonedas y ofrece valiosas lecciones que pueden ayudar a los inversores a comprender mejor las dinámicas del mercado y a tomar decisiones informadas en sus estrategias de inversión.

7. Futuro de las Criptomonedas

En el horizonte de la revolución digital, las criptomonedas emergen como una fuerza disruptiva que desafía las convenciones financieras tradicionales y redefine la forma en que concebimos, almacenamos y transferimos valor en el mundo digital. A medida que esta tecnología continúa evolucionando a pasos agigantados, surge una pregunta inevitable: ¿cuál es el futuro de las criptomonedas?

En este capítulo, nos adentraremos en un viaje especulativo hacia el futuro de las criptomonedas, explorando las tendencias, innovaciones y desafíos que podrían dar forma al destino de este emocionante y cambiante paisaje financiero digital. Desde la evolución de la tecnología blockchain hasta la adopción masiva de criptomonedas por parte de instituciones financieras y corporaciones, examinaremos las fuerzas que impulsan la próxima fase de crecimiento y desarrollo en el mundo de las criptomonedas.

Comenzaremos explorando las tendencias actuales en el espacio de las criptomonedas, desde el auge de las finanzas descentralizadas (DeFi) hasta el crecimiento exponencial de las NFTs (Tokens No Fungibles) y las criptomonedas estables respaldadas por activos. Analizaremos cómo estas tendencias están moldeando el panorama actual de las criptomonedas y sentando las bases para el futuro de esta tecnología revolucionaria.

Además, discutiremos las innovaciones tecnológicas que podrían impulsar la próxima ola de adopción y crecimiento en el espacio de las criptomonedas. Desde mejoras en la escalabilidad y la privacidad hasta avances en la interoperabilidad entre blockchains y la tokenización de activos del mundo real, exploraremos cómo estas innovaciones podrían transformar radicalmente la forma en que interactuamos con el dinero y los activos digitales.

A lo largo de este capítulo, nos aventuraremos en un viaje especulativo hacia el futuro de las criptomonedas, explorando posibles escenarios y visiones de lo que podría deparar el mañana en este emocionante y cambiante paisaje financiero digital. Prepárate para sumergirte en el fascinante mundo del futuro de las criptomonedas, donde cada avance tecnológico, cada innovación y cada desafío representa una oportunidad para imaginar y dar forma al futuro de la economía digital.

7.1. Innovaciones y tendencias

El mercado de criptomonedas es un espacio dinámico y en constante evolución, impulsado por la innovación tecnológica y las cambiantes tendencias del mercado. En este apartado, exploraremos algunas de las innovaciones más destacadas y las tendencias emergentes que están dando forma al futuro del ecosistema blockchain.

1. DeFi (Finanzas Descentralizadas)

- Las finanzas descentralizadas (DeFi) han emergido como una de las tendencias más importantes en el mercado de criptomonedas. Se explorarán conceptos como préstamos y préstamos flash, yield farming, staking y AMM (Automated Market Making), así como los desafíos y oportunidades asociados con la adopción masiva de DeFi.

2. NFTs (Tokens No Fungibles)

- Los tokens no fungibles (NFTs) han ganado popularidad como una forma de representar la propiedad digital única, como arte digital, música, juegos y bienes virtuales. Se analizarán casos de uso destacados, plataformas de mercado de NFTs y el impacto cultural y económico de los NFTs en la industria del arte y el entretenimiento.

3. Blockchain y Web3

- La Web3, impulsada por la tecnología blockchain, promete una Internet descentralizada y sin intermediarios, donde los usuarios tienen mayor control sobre sus datos y transacciones. Se explorarán conceptos como la interoperabilidad entre blockchains, identidad digital autónoma y la descentralización de aplicaciones y servicios en línea.

4. Finanzas Tradicionales y Cripto

- La convergencia entre las finanzas tradicionales y el mundo de las criptomonedas está en aumento, con la llegada de productos financieros como ETFs de criptomonedas, derivados criptográficos y soluciones de pago basadas en blockchain. Se examinarán las oportunidades y desafíos de esta convergencia, así como su impacto en la adopción generalizada de criptomonedas.

5. Privacidad y Escalabilidad

- La privacidad y la escalabilidad siguen siendo desafíos importantes en el espacio de las criptomonedas. Se discutirán soluciones como zk-SNARKs, zero-knowledge proofs, sidechains y sharding, así como proyectos y protocolos que están trabajando en mejorar la privacidad y escalabilidad de las blockchain.

6. Gobierno y Gobernanza Descentralizada

- La gobernanza descentralizada se ha convertido en un pilar fundamental del ecosistema blockchain, con proyectos que adoptan modelos de toma de decisiones comunitarias a través de DAOs (Organizaciones Autónomas Descentralizadas) y mecanismos de votación basados en tokens. Se explorarán ejemplos de gobernanza exitosa y los desafíos de la participación comunitaria en la toma de decisiones.

7. Integración de Blockchain en Industrias Tradicionales

- El blockchain está siendo adoptado en una variedad de industrias tradicionales, como la logística, la atención médica, la cadena de suministro y el gobierno. Se discutirán casos de uso específicos, beneficios potenciales y desafíos de la implementación de blockchain en estas industrias.

Explorar estas innovaciones y tendencias en el mercado de criptomonedas es fundamental para comprender el panorama actual y anticipar las oportunidades y desafíos futuros. Cada una de estas áreas presenta un vasto potencial para transformar industrias, crear nuevas oportunidades económicas y democratizar el acceso a servicios financieros y tecnológicos en todo el mundo.

7.2. Impacto en la economía global

El surgimiento y la expansión del mercado de criptomonedas han tenido un impacto significativo en la economía global, alterando paradigmas financieros y desafiando estructuras tradicionales. En este apartado, examinaremos cómo las criptomonedas han afectado y continúan afectando diversos aspectos de la economía mundial.

1. Descentralización Financiera

- Las criptomonedas han democratizado el acceso a servicios financieros, permitiendo a individuos de todo el mundo participar en actividades como préstamos, intercambios y pagos sin depender de intermediarios tradicionales. Esto ha abierto nuevas oportunidades económicas para personas no bancarizadas y marginadas.

2. Remesas y Pagos Transfronterizos

- Las criptomonedas ofrecen una alternativa eficiente y económica para las remesas y los pagos transfronterizos, reduciendo los costos y los tiempos de liquidación asociados con los sistemas financieros tradicionales. Esto beneficia especialmente a personas en países en desarrollo que dependen en gran medida de las remesas familiares.

3. Desafíos Regulatorios y Normativos

- El crecimiento del mercado de criptomonedas ha planteado desafíos regulatorios para los gobiernos y las instituciones financieras, que deben adaptarse a un nuevo paradigma tecnológico y económico. La falta de armonización regulatoria a nivel mundial ha creado incertidumbre y volatilidad en el mercado.

4. Innovación en Finanzas y Tecnología

- Las criptomonedas han impulsado la innovación en la industria financiera y tecnológica, fomentando el desarrollo de nuevas soluciones y servicios como DeFi (finanzas descentralizadas), NFTs (tokens no fungibles) y blockchain empresarial. Esto ha estimulado la competencia y la colaboración entre empresas y startups en todo el mundo.

5. Volatilidad del Mercado y Riesgo

- La volatilidad del mercado de criptomonedas puede tener efectos significativos en la economía global, afectando la confianza del consumidor, la inversión empresarial y la estabilidad financiera. Los movimientos extremos de precios pueden generar preocupaciones sobre la especulación excesiva y el lavado de dinero, lo que lleva a una mayor escrutinio regulatorio.

6. Inversión Institucional y Adopción Corporativa

- La entrada de instituciones financieras y corporaciones en el mercado de criptomonedas ha legitimado aún más el espacio y ha proporcionado una mayor liquidez y estabilidad. La inversión institucional y la adopción corporativa están llevando las criptomonedas a la corriente principal de la economía global.

7. Desafíos Ambientales y Energéticos

- La minería de criptomonedas y la validación de transacciones requieren una cantidad significativa de energía, lo que plantea preocupaciones sobre el impacto ambiental y energético de las criptomonedas. La búsqueda de soluciones sostenibles y eficientes es crucial para mitigar estos desafíos y promover una adopción más amplia de las criptomonedas.

8. Democratización del Financiamiento

- Las criptomonedas han democratizado el financiamiento al permitir que proyectos y empresas recauden capital de forma descentralizada a través de ICOs (Ofertas Iniciales de Monedas) y tokens de financiamiento colectivo. Esto ha proporcionado nuevas oportunidades de inversión para inversores minoristas y ha desafiado el modelo tradicional de financiamiento empresarial.

El impacto de las criptomonedas en la economía global continúa evolucionando a medida que el mercado madura y se adapta a nuevos desafíos y oportunidades. Si bien las criptomonedas ofrecen un potencial significativo para transformar la economía global, también plantean desafíos regulatorios, ambientales y de estabilidad financiera que deben abordarse de manera efectiva para garantizar un crecimiento sostenible y equitativo.

7.3. Criptomonedas emergentes

El mercado de criptomonedas está en constante evolución, con nuevas monedas y proyectos emergiendo regularmente para desafiar las normas establecidas y ofrecer soluciones innovadoras a problemas existentes. En este apartado, exploraremos algunas de las criptomonedas emergentes más prometedoras y sus casos de uso potenciales.

1. Solana (SOL)

- Solana es una plataforma de blockchain de alto rendimiento que busca mejorar la escalabilidad y la velocidad de las transacciones sin comprometer la descentralización. Su arquitectura única y su enfoque en contratos inteligentes de alto rendimiento la han convertido en una de las criptomonedas más destacadas en el espacio de las finanzas descentralizadas (DeFi) y los juegos en línea.

2. Polkadot (DOT)

- Polkadot es una red de cadena de bloques interoperable que permite la comunicación entre diferentes blockchains y cadenas de bloques. Su objetivo es crear un ecosistema de blockchain más escalable, seguro y democrático, donde los proyectos puedan colaborar y compartir recursos de manera eficiente.

3. Terra (LUNA)

- Terra es una plataforma de blockchain que utiliza una moneda estable vinculada al valor del dólar estadounidense (UST) para facilitar pagos y transacciones rápidas y económicas. Su enfoque en la estabilidad de precios y la interoperabilidad la hace ideal para aplicaciones de comercio electrónico y finanzas personales.

4. Avalanche (AVAX)

- Avalanche es una plataforma de blockchain de código abierto diseñada para ofrecer transacciones rápidas y seguras a escala global. Su arquitectura única de consenso de metachain y su enfoque en la interoperabilidad la hacen adecuada para una amplia gama de aplicaciones, incluidas las finanzas descentralizadas (DeFi), los juegos en línea y la tokenización de activos.

5. Fantom (FTM)

- Fantom es una plataforma de blockchain de alto rendimiento que utiliza un algoritmo de consenso asincrónico para lograr transacciones rápidas y económicas. Su enfoque en la escalabilidad y la seguridad la hace adecuada para una variedad de casos de uso, incluidos los pagos transfronterizos, la gestión de activos digitales y la tokenización de bienes raíces.

6. Harmony (ONE)

- Harmony es una plataforma de blockchain de alto rendimiento que utiliza un algoritmo de consenso de fragmentación para lograr escalabilidad y eficiencia. Su enfoque en la descentralización y la interoperabilidad la hace ideal para aplicaciones como juegos en línea, finanzas descentralizadas (DeFi) y redes sociales descentralizadas.

7. Tezos (XTZ)

- Tezos es una plataforma de blockchain que utiliza un sistema de gobierno autónomo para tomar decisiones sobre actualizaciones y mejoras en el protocolo. Su enfoque en la gobernanza descentralizada y la seguridad la hace atractiva para proyectos que requieren un alto grado de confianza y transparencia.

Explorar estas criptomonedas emergentes puede proporcionar una visión fascinante del futuro del ecosistema cripto y las innovaciones que están transformando la economía digital. Si bien cada una de estas monedas tiene sus propias fortalezas y debilidades, todas comparten el objetivo común de mejorar la escalabilidad, la seguridad y la accesibilidad de las transacciones digitales en todo el mundo.

7.4. Proyecciones y predicciones

El mercado de criptomonedas es un espacio dinámico y en constante evolución, caracterizado por su volatilidad y su capacidad para desafiar las expectativas convencionales. Si bien predecir el futuro del mercado de criptomonedas con certeza es difícil debido a su naturaleza impredecible, los analistas y expertos en el campo continúan ofreciendo proyecciones y predicciones basadas en tendencias actuales y desarrollos emergentes. En este apartado, exploraremos algunas de las tendencias y proyecciones clave que podrían influir en el mercado de criptomonedas en los próximos años.

1. Bitcoin como Reserva de Valor

Bitcoin, la primera y más conocida criptomoneda, ha demostrado ser una reserva de valor confiable en tiempos de incertidumbre económica y financiera. Se espera que esta tendencia continúe en el futuro, ya que Bitcoin cuenta con características intrínsecas que lo hacen comparable al oro, como su escasez programada y su resistencia a la manipulación. Además, la creciente aceptación institucional de Bitcoin, evidenciada por la entrada de empresas como MicroStrategy y Tesla en el mercado de Bitcoin, así como la creación de ETFs de Bitcoin en algunos países, podría impulsar su adopción y legitimidad como un activo de inversión ampliamente aceptado.

2. Adopción Institucional en Aumento

La adopción institucional de criptomonedas está en aumento, con más fondos de inversión, bancos y empresas incorporando criptomonedas a sus carteras como una cobertura contra la inflación y una diversificación de activos. Este fenómeno se ha visto impulsado por la creciente aceptación de criptomonedas como Bitcoin como una reserva de valor legítima y un activo de inversión viable. Se espera que la entrada de instituciones financieras tradicionales en el mercado de criptomonedas proporcione una mayor liquidez y estabilidad, así como una mayor legitimidad y aceptación generalizada.

3. Crecimiento de las Finanzas Descentralizadas (DeFi)

Las finanzas descentralizadas (DeFi) han surgido como una de las tendencias más importantes en el mercado de criptomonedas, ofreciendo alternativas descentralizadas y eficientes a los servicios financieros tradicionales. Se espera que DeFi continúe creciendo y expandiéndose en los próximos años, con más proyectos y aplicaciones emergentes en áreas como préstamos, intercambios y derivados. La adopción de DeFi podría democratizar aún más el acceso a servicios financieros y promover la inclusión financiera en todo el mundo, especialmente en regiones donde el acceso a servicios bancarios tradicionales es limitado.

4. Evolución de la Regulación

La regulación de las criptomonedas seguirá evolucionando a medida que los gobiernos y los organismos reguladores busquen abordar preocupaciones sobre lavado de dinero, evasión fiscal y protección al consumidor. Si bien algunos países han adoptado un enfoque progresista hacia las criptomonedas, otros han impuesto restricciones más estrictas o incluso prohibiciones. Se espera que una mayor claridad regulatoria promueva la adopción institucional y el crecimiento sostenible del mercado de criptomonedas al tiempo que protege a los inversores y usuarios.

5. Avances Tecnológicos en Blockchain

Se anticipa que habrá avances significativos en la tecnología blockchain en los próximos años, incluida la mejora de la escalabilidad, la interoperabilidad y la privacidad. Estos avances podrían abrir nuevas oportunidades en áreas como la tokenización de activos, la trazabilidad de la cadena de suministro y la gestión de identidad digital. La adopción generalizada de blockchain en diversos sectores podría mejorar la eficiencia, la transparencia y la seguridad de las transacciones, así como fomentar la innovación y la colaboración en la economía global.

6. Integración de Criptomonedas en la Economía Global

A medida que las criptomonedas se vuelven más aceptadas y ampliamente utilizadas, se espera que se integren más profundamente en la economía global, facilitando pagos transfronterizos, remesas y comercio internacional. La adopción de criptomonedas podría impulsar la eficiencia y la transparencia en los mercados financieros globales, reduciendo los costos y los tiempos de liquidación asociados con los sistemas financieros tradicionales. Esto podría tener un impacto significativo en la inclusión financiera y el acceso a servicios financieros en todo el mundo, especialmente en regiones donde el acceso a servicios bancarios es limitado.

7. Desafíos Ambientales y Sostenibilidad

Los desafíos ambientales asociados con la minería de criptomonedas y el consumo de energía son una preocupación creciente en la comunidad cripto. Si bien la tecnología blockchain tiene el potencial de transformar industrias y sistemas, su consumo de energía es considerable. Se espera que la industria trabaje en soluciones más sostenibles y eficientes para mitigar su impacto ambiental, como la adopción de energías renovables y la optimización de algoritmos de consenso. El enfoque en la sostenibilidad podría ser crucial para garantizar la aceptación a largo plazo de las criptomonedas y su integración en la economía global.

Estas proyecciones y predicciones ofrecen una visión general del posible futuro del mercado de criptomonedas, aunque es importante tener en cuenta que el panorama puede cambiar rápidamente debido a una variedad de factores, incluidos eventos geopolíticos, avances tecnológicos y cambios en la regulación. Los inversores y observadores del mercado deben estar atentos a estas tendencias y ajustar sus estrategias en consecuencia.

8. Aspectos Prácticos para Nuevos Inversores

Para los nuevos inversores que se aventuran en el emocionante mundo de las criptomonedas, el camino hacia el éxito financiero puede parecer desconcertante y lleno de desafíos. Con un universo digital en constante evolución y una amplia gama de opciones disponibles, comprender los aspectos prácticos de la inversión en criptomonedas es esencial para construir una base sólida y tomar decisiones informadas.

En este capítulo, nos sumergiremos en los aspectos prácticos que todo nuevo inversor en criptomonedas debe tener en cuenta al comenzar su viaje en este emocionante paisaje financiero digital. Desde la selección de una plataforma de intercambio confiable hasta la seguridad de la billetera digital y la gestión de riesgos, exploraremos una variedad de temas prácticos diseñados para ayudar a los nuevos inversores a navegar con éxito por el mundo de las criptomonedas.

Comenzaremos analizando las diferentes opciones disponibles para comprar y almacenar criptomonedas, desde intercambios centralizados hasta billeteras de hardware y software. Discutiremos los pros y los contras de cada opción y proporcionaremos consejos prácticos para elegir la mejor opción según las necesidades y preferencias individuales.

Además, exploraremos estrategias de seguridad y buenas prácticas para proteger los activos digitales contra robos, hacks y otras amenazas cibernéticas. Discutiremos la importancia de utilizar billeteras seguras, habilitar la autenticación de dos factores y mantener la privacidad de las claves privadas para garantizar la seguridad de los fondos.

A lo largo de este capítulo, proporcionaremos orientación práctica sobre cómo comenzar a invertir en criptomonedas de manera segura y eficiente, desde la creación de una cuenta en un intercambio hasta la compra y el almacenamiento de activos digitales. Prepárate para sumergirte en el mundo de los aspectos prácticos para nuevos inversores en criptomonedas, donde cada paso es una oportunidad para aprender, crecer y prosperar en este emocionante viaje financiero digital.

8.1. Cómo comenzar a invertir

Iniciar en el mundo de la inversión en criptomonedas puede parecer abrumador para los principiantes, pero con la orientación adecuada y la comprensión de los conceptos básicos, cualquiera puede comenzar a construir su cartera de activos digitales. En esta guía exhaustiva, exploraremos paso a paso cómo comenzar a invertir en criptomonedas, desde la comprensión de los fundamentos hasta la selección de la plataforma adecuada y la gestión de riesgos.

1. Entender los Fundamentos

Antes de invertir en criptomonedas, es crucial comprender los conceptos básicos del mercado y la tecnología subyacente. Esto incluye aprender sobre blockchain, el libro de contabilidad descentralizado que sustenta las criptomonedas, así como comprender la diferencia entre tokens y monedas, la volatilidad del mercado y los riesgos asociados con la inversión en activos digitales.

2. Investigar Diferentes Criptomonedas

El mercado de criptomonedas está lleno de una variedad de activos digitales, cada uno con sus propias características y casos de uso únicos. Antes de invertir, tómese el tiempo para investigar y comprender las diferentes criptomonedas disponibles, desde las líderes como Bitcoin y Ethereum hasta proyectos más nuevos y emergentes. Considere factores como la tecnología subyacente, el equipo de desarrollo, la comunidad de usuarios y el potencial de crecimiento a largo plazo.

3. Establecer Objetivos y Estrategias

Antes de realizar cualquier inversión, es importante establecer objetivos claros y desarrollar una estrategia de inversión sólida. Determine cuánto está dispuesto a invertir, su horizonte temporal y su tolerancia al riesgo. Considere si está buscando invertir a corto plazo para obtener ganancias rápidas o a largo plazo como una estrategia de inversión a largo plazo.

4. Selección de una Plataforma de Intercambio

Una vez que haya investigado y establecido sus objetivos de inversión, el siguiente paso es seleccionar una plataforma de intercambio de criptomonedas confiable y segura para comprar, vender y almacenar sus activos digitales. Busque plataformas que ofrezcan una variedad de criptomonedas para negociar, tarifas competitivas, medidas de seguridad sólidas y una interfaz fácil de usar.

5. Crear una Cartera de Criptomonedas

Después de seleccionar una plataforma de intercambio, es hora de crear su cartera de criptomonedas. Esto implica abrir una cuenta en la plataforma, verificar su identidad según sea necesario y depositar fondos en su cuenta. Una vez que haya depositado fondos, podrá comenzar a comprar y vender criptomonedas según su estrategia de inversión.

6. Gestionar el Riesgo y la Seguridad

La gestión del riesgo y la seguridad son aspectos críticos de la inversión en criptomonedas. Utilice técnicas de diversificación para distribuir su riesgo entre diferentes activos digitales y establezca límites de pérdidas para proteger su inversión. Además, asegúrese de utilizar medidas de seguridad como autenticación de dos factores (2FA), billeteras de hardware y prácticas de seguridad cibernética sólidas para proteger sus activos contra robos y piratería.

7. Seguir Aprendiendo y Adaptándose

El mundo de las criptomonedas está en constante evolución, con nuevos desarrollos, proyectos y tendencias emergentes regularmente. Para tener éxito como inversor en criptomonedas, es importante seguir aprendiendo y adaptándose a medida que el mercado cambia. Manténgase al día con las noticias y los desarrollos del mercado, participe en comunidades en línea y continúe investigando y explorando nuevas oportunidades de inversión.

8. Ser Paciente y Disciplinado

La inversión en criptomonedas puede ser emocionante y volátil, pero es importante mantener la calma y ser paciente y disciplinado en su enfoque. Evite dejarse llevar por las emociones del mercado y tome decisiones de inversión basadas en un análisis sólido y fundamentado. Recuerde que la inversión a largo plazo requiere paciencia y perseverancia para alcanzar sus objetivos financieros.

9. Considerar Asesoramiento Profesional

Si se siente abrumado o inseguro acerca de sus decisiones de inversión en criptomonedas, considere buscar

8.2. Selección de una billetera y un exchange

La elección de una billetera y un exchange adecuados es fundamental para la seguridad y la facilidad de uso al invertir en criptomonedas. Aquí hay una guía detallada para ayudarte a tomar decisiones informadas:

1. Billeteras de Criptomonedas

Las billeteras de criptomonedas son aplicaciones o dispositivos que te permiten almacenar, enviar y recibir criptomonedas de forma segura. Hay varios tipos de billeteras disponibles, cada una con sus propias características y niveles de seguridad:

- **Billeteras de Hardware:** Estas son billeteras físicas que almacenan tus claves privadas sin conexión a internet, lo que las hace altamente seguras contra piratería informática. Ejemplos populares incluyen Ledger Nano S, Trezor y KeepKey.
- **Billeteras de Software:** Estas son aplicaciones de software que se pueden instalar en tu computadora o teléfono móvil. Pueden ser de escritorio (como Electrum, Exodus) o móviles (como Trust Wallet, Atomic Wallet). Asegúrate de elegir una billetera de software confiable y con una sólida reputación en seguridad.
- **Billeteras en Línea (Web Wallets):** Son billeteras alojadas en la nube y accesibles a través de un navegador web. Si bien son convenientes para acceder a tus fondos desde cualquier lugar, pueden ser más vulnerables a ataques cibernéticos. Ejemplos incluyen Coinbase Wallet, Blockchain.com.
- **Billeteras de Papel:** Estas son formas físicas de almacenar tus claves privadas en papel. Son útiles para almacenamiento a largo plazo y son altamente seguras contra hackers en línea, pero pueden ser vulnerables a daños físicos o pérdida.

Al elegir una billetera de criptomonedas, considera tus necesidades de seguridad, conveniencia y accesibilidad. Asegúrate de realizar una investigación exhaustiva y de seguir las mejores prácticas de seguridad al configurar y utilizar tu billetera.

2. Exchanges de Criptomonedas

Los exchanges de criptomonedas son plataformas en línea donde puedes comprar, vender e intercambiar criptomonedas. Al elegir un exchange, es importante considerar factores como la seguridad, las tarifas, la liquidez, la variedad de criptomonedas disponibles y la reputación del exchange. Aquí hay algunos puntos clave a tener en cuenta:

- **Seguridad:** Busca exchanges que implementen medidas sólidas de seguridad, como autenticación de dos factores (2FA), cifrado SSL, almacenamiento en frío de fondos y cumplimiento de regulaciones.

- **Tarifas:** Ten en cuenta las tarifas de negociación, depósito y retiro del exchange. Algunos exchanges ofrecen tarifas competitivas, mientras que otros pueden cobrar tarifas ocultas o excesivas.
- **Variedad de Criptomonedas:** Elije un exchange que ofrezca una amplia selección de criptomonedas para negociar. Esto te permitirá diversificar tu cartera y acceder a una variedad de activos digitales.
- **Reputación y Opiniones de los Usuarios:** Investiga la reputación del exchange leyendo reseñas de usuarios, buscando comentarios en línea y consultando foros de criptomonedas. Esto te ayudará a evaluar la confiabilidad y la calidad del servicio del exchange.
- **Facilidad de Uso:** Busca exchanges con una interfaz intuitiva y fácil de usar, especialmente si eres nuevo en la inversión en criptomonedas. Una interfaz limpia y bien diseñada puede facilitar el proceso de negociación y reducir la posibilidad de errores.

Algunos ejemplos de exchanges populares incluyen Binance, Coinbase, Kraken, Bitfinex y Bittrex. Antes de registrarte en un exchange, asegúrate de investigar y comparar varias opciones para encontrar la que mejor se adapte a tus necesidades y preferencias de inversión.

Al elegir una billetera y un exchange para tus criptomonedas, recuerda siempre priorizar la seguridad y la confiabilidad. Realiza una investigación exhaustiva, sigue las mejores prácticas de seguridad y mantén tus fondos seguros en todo momento. Con la elección adecuada de billetera y exchange, podrás gestionar tus criptomonedas de manera eficiente y segura mientras exploras el emocionante mundo de la inversión en activos digitales.

8.3. Primeras compras y ventas

Realizar tus primeras compras y ventas de criptomonedas puede ser emocionante pero también un poco intimidante si eres nuevo en el mundo de las inversiones digitales. En esta guía detallada, te proporcionaré un paso a paso exhaustivo para ayudarte a realizar tus primeras transacciones de forma segura y efectiva:

1. Educación Continua

Antes de realizar cualquier compra o venta de criptomonedas, es esencial que continúes educándote sobre el mercado y las criptomonedas en general. Asegúrate de comprender los fundamentos de cómo funcionan las criptomonedas, los riesgos asociados, y las estrategias de inversión adecuadas para tus objetivos financieros.

2. Elección de la Plataforma de Intercambio

Selecciona una plataforma de intercambio de criptomonedas confiable y segura para realizar tus transacciones. Investiga diferentes exchanges, considerando factores como la seguridad, las tarifas, la variedad de criptomonedas disponibles y la facilidad de uso. Ejemplos populares de exchanges incluyen Binance, Coinbase, Kraken y Bitfinex.

3. Creación de una Cuenta

Una vez que hayas seleccionado tu plataforma de intercambio, crea una cuenta siguiendo los pasos de registro proporcionados. Asegúrate de proporcionar información precisa y verificable según sea necesario para cumplir con los requisitos de verificación de la plataforma.

4. Verificación de la Cuenta

Algunas plataformas de intercambio requieren verificación de identidad para cumplir con las regulaciones contra el lavado de dinero y la financiación del terrorismo. Sigue los pasos de verificación proporcionados por la plataforma, que pueden incluir la carga de una identificación válida y la verificación de tu dirección.

5. Depósito de Fondos

Una vez que tu cuenta esté verificada, deposita fondos en tu cuenta de intercambio utilizando el método de pago preferido. Puedes depositar fondos en moneda fiduciaria, como dólares estadounidenses, euros o cualquier otra moneda admitida por la plataforma, o transferir criptomonedas desde otra billetera.

6. Investigación y Análisis

Antes de realizar cualquier compra, investiga y analiza las criptomonedas en las que estás interesado. Considera factores como el historial de precios, el equipo de desarrollo, la tecnología subyacente y el potencial de adopción futura. Utiliza herramientas de análisis técnico y fundamental para tomar decisiones informadas.

7. Realización de la Compra

Una vez que hayas seleccionado la criptomoneda en la que deseas invertir, realiza la compra en la plataforma de intercambio. Ingresa la cantidad de criptomoneda que deseas comprar y confirma la transacción. Asegúrate de verificar el tipo de orden (mercado, límite, stop) y la cantidad antes de confirmar la compra.

8. Gestión de la Inversión

Una vez que hayas realizado tu compra, gestiona tu inversión de manera responsable. Considera establecer límites de pérdidas y ganancias para proteger tu inversión y asegurarte de tener una estrategia de salida clara en caso de que los precios se muevan en contra de tus expectativas.

9. Monitoreo del Mercado

Mantente al tanto de los cambios en el mercado y ajusta tu estrategia de inversión según sea necesario. Utiliza herramientas de seguimiento de precios y alertas para recibir notificaciones sobre cambios significativos en los precios de las criptomonedas en tu cartera.

10. Realización de Ventas

Cuando estés listo para vender tus criptomonedas, sigue un proceso similar al de realizar una compra. Selecciona la criptomoneda que deseas vender, ingresa la cantidad y el tipo de orden, y confirma la transacción. Asegúrate de tener en cuenta las tarifas de negociación y las implicaciones fiscales al realizar ventas de criptomonedas.

11. Revisión y Aprendizaje Continuo

Después de realizar tus primeras compras y ventas de criptomonedas, tómate el tiempo para revisar y reflexionar sobre tus decisiones de inversión. Identifica lo que funcionó bien y lo que podría mejorar, y continúa aprendiendo y refinando tu estrategia de inversión a medida que avanzas en tu viaje en el mundo de las criptomonedas.

Al seguir esta guía detallada, estarás bien equipado para realizar tus primeras compras y ventas de criptomonedas de manera segura y efectiva. Recuerda siempre investigar y tomar decisiones informadas, y mantener la disciplina y la paciencia en tu enfoque de inversión a largo plazo. Con el tiempo y la experiencia, desarrollarás la confianza y la habilidad para navegar con éxito en el emocionante mundo de las criptomonedas.

8.4. Consejos y mejores prácticas

Invertir en criptomonedas puede ser emocionante y lucrativo, pero también conlleva ciertos riesgos. Aquí hay algunos consejos y mejores prácticas para ayudarte a maximizar tus posibilidades de éxito y proteger tu inversión:

1. Educación Continua

El conocimiento es poder en el mundo de las criptomonedas. Tómate el tiempo para educarte continuamente sobre el mercado, las tecnologías subyacentes y las tendencias emergentes. Mantente al día con las noticias y los desarrollos del mercado para tomar decisiones informadas.

2. Diversificación de la Cartera

La diversificación es clave para reducir el riesgo en tu cartera de criptomonedas. No coloques todos tus fondos en una sola criptomoneda; en su lugar, diversifica tu inversión en varias monedas para mitigar el impacto de la volatilidad del mercado.

3. Establecimiento de Objetivos

Antes de invertir, establece objetivos financieros claros y realistas. Determina tu horizonte temporal, tu tolerancia al riesgo y tus expectativas de rendimiento. Ajusta tu estrategia de inversión en consecuencia y mantén un enfoque disciplinado en busca de tus metas.

4. Gestión del Riesgo

Implementa medidas de gestión del riesgo para proteger tu inversión contra pérdidas significativas. Establece límites de pérdidas y ganancias, diversifica tus activos y utiliza técnicas de cobertura si es necesario. No inviertas más de lo que puedes permitirte perder.

5. Seguridad de la Billetera

Mantén tus criptomonedas seguras utilizando billeteras seguras y prácticas de seguridad cibernética sólidas. Considera el uso de billeteras de hardware para almacenar grandes cantidades de criptomonedas y habilita la autenticación de dos factores (2FA) en todas tus cuentas.

6. Investigación Exhaustiva

Realiza una investigación exhaustiva antes de realizar cualquier inversión. Examina el historial de precios, el equipo de desarrollo, la tecnología subyacente y el potencial de adopción de cada criptomoneda antes de tomar una decisión de inversión.

7. Mantenimiento de la Calma

El mercado de criptomonedas puede ser extremadamente volátil y emocionante. Mantén la calma y evita tomar decisiones impulsivas basadas en el miedo o la codicia. Mantén una perspectiva a largo plazo y no te dejes llevar por las fluctuaciones a corto plazo del mercado.

8. Cumplimiento de las Obligaciones Fiscales

Asegúrate de cumplir con todas las obligaciones fiscales relacionadas con tus inversiones en criptomonedas. Consulta a un profesional de impuestos si es necesario para entender tus responsabilidades fiscales y mantener registros precisos de todas tus transacciones.

9. Actualización de la Seguridad

Mantente al tanto de las últimas amenazas de seguridad y actualiza regularmente tus medidas de seguridad cibernética. Utiliza software antivirus actualizado, evita hacer clic en enlaces sospechosos y verifica la autenticidad de las comunicaciones relacionadas con tus inversiones en criptomonedas.

10. No te Dejes Influenciar por las Emociones

Evita tomar decisiones de inversión basadas únicamente en emociones como el miedo o la codicia. Mantén la objetividad y sigue tu plan de inversión, incluso cuando el mercado sea volátil. La disciplina y la paciencia son clave para el éxito a largo plazo en la inversión en criptomonedas.

Al seguir estos consejos y mejores prácticas, podrás navegar con mayor confianza y seguridad en el emocionante mundo de las criptomonedas. Recuerda siempre investigar, diversificar y mantener una perspectiva a largo plazo en tus inversiones para maximizar tus posibilidades de éxito a largo plazo.

9. Recursos Adicionales

El vasto y dinámico mundo de las criptomonedas ofrece una multitud de oportunidades para aprender, crecer y expandir nuestros conocimientos en este emocionante y cambiante paisaje financiero digital. A medida que los inversores y entusiastas buscan profundizar su comprensión y mantenerse al día con las últimas tendencias y desarrollos, el acceso a recursos adicionales se convierte en un elemento clave para el éxito en este campo.

En este capítulo, nos adentraremos en una variedad de recursos adicionales que pueden ayudar a enriquecer nuestra comprensión y experiencia en el mundo de las criptomonedas. Desde libros recomendados y blogs influyentes hasta comunidades en línea y cursos educativos, exploraremos una amplia gama de fuentes de información y herramientas diseñadas para empoderar a los inversores y entusiastas en su viaje hacia la maestría en el universo de las criptomonedas.

Comenzaremos examinando una selección de libros recomendados que cubren una variedad de temas relacionados con las criptomonedas, desde introducciones básicas hasta análisis avanzados y estrategias de inversión. Analizaremos los méritos de cada libro y proporcionaremos recomendaciones para aquellos que buscan ampliar sus conocimientos en áreas específicas.

Además, exploraremos blogs y sitios web influyentes que ofrecen análisis expertos, noticias de última hora y opiniones sobre los desarrollos más recientes en el mundo de las criptomonedas. Discutiremos cómo estos recursos pueden proporcionar una visión valiosa y ayudar a los inversores a mantenerse al día con las tendencias y eventos del mercado en tiempo real.

También exploraremos comunidades en línea y foros dedicados a las criptomonedas, donde los inversores y entusiastas pueden conectarse, compartir ideas y aprender unos de otros. Analizaremos las comunidades más influyentes y proporcionaremos consejos sobre cómo participar de manera activa y constructiva en estas plataformas.

Finalmente, discutiremos la disponibilidad de cursos y seminarios educativos diseñados para ayudar a los inversores a adquirir habilidades y conocimientos prácticos en el mundo de las criptomonedas. Exploraremos opciones de aprendizaje en línea y presenciales y proporcionaremos recomendaciones sobre cómo encontrar los cursos más relevantes y beneficiosos para cada individuo.

A lo largo de este capítulo, descubriremos una amplia gama de recursos adicionales disponibles para aquellos que buscan profundizar su comprensión y experiencia en el mundo de las criptomonedas. Prepárate para sumergirte en el emocionante mundo de los recursos adicionales para explorar y dominar el universo de las criptomonedas, donde cada recurso es una oportunidad para aprender, crecer y prosperar en este emocionante viaje financiero digital.

9.1. Libros recomendados

La inversión en criptomonedas es un campo dinámico y en constante evolución, y hay una gran cantidad de recursos disponibles para ayudarte a expandir tus conocimientos y mejorar tus habilidades como inversor. Aquí hay una selección de libros recomendados que cubren una variedad de temas relacionados con las criptomonedas y la tecnología blockchain:

1. "Mastering Bitcoin" por Andreas M. Antonopoulos

Este libro es una guía completa para entender la tecnología subyacente de Bitcoin y cómo funciona. Desde los conceptos básicos de blockchain hasta la minería y la seguridad, "Mastering Bitcoin" es una lectura fundamental para cualquier persona interesada en comprender el funcionamiento interno de la criptomoneda más conocida.

2. "The Internet of Money" por Andreas M. Antonopoulos

En esta serie de libros, Andreas M. Antonopoulos explora los aspectos económicos, sociales y tecnológicos de Bitcoin y las criptomonedas en general. Cada volumen presenta una colección de discursos y ensayos que ofrecen una visión única del potencial transformador de las criptomonedas en el mundo.

3. "Cryptoassets: The Innovative Investor's Guide to Bitcoin and Beyond" por Chris Burniske y Jack Tatar

Este libro ofrece una perspectiva práctica sobre cómo evaluar, invertir y gestionar criptoactivos en un entorno financiero tradicional. Desde Bitcoin hasta altcoins y tokens de utilidad, los autores exploran diferentes tipos de criptoactivos y estrategias de inversión para maximizar el rendimiento y minimizar el riesgo.

4. "The Bitcoin Standard: The Decentralized Alternative to Central Banking" por Saifedean Ammous

En este libro, Saifedean Ammous argumenta que Bitcoin representa una alternativa sólida al sistema bancario centralizado y al dinero fiduciario. Explora la historia del dinero, los principios económicos fundamentales y el papel potencial de Bitcoin como una reserva de valor y un medio de intercambio independiente de los gobiernos y los bancos centrales.

5. "Digital Gold: Bitcoin and the Inside Story of the Misfits and Millionaires Trying to Reinvent Money" por Nathaniel Popper

Esta obra narra la historia temprana de Bitcoin y las personas clave que contribuyeron a su desarrollo y adopción temprana. Desde los primeros entusiastas hasta los inversionistas institucionales, "Digital Gold" ofrece una visión fascinante del auge de Bitcoin y su impacto en el mundo financiero.

6. "The Age of Cryptocurrency: How Bitcoin and Digital Money Are Challenging the Global Economic Order" por Paul Vigna y Michael J. Casey

Este libro explora el impacto potencial de Bitcoin y las criptomonedas en la economía global y el sistema financiero tradicional. Los autores analizan cómo la tecnología blockchain está transformando diversas industrias y desafiando las estructuras de poder establecidas en el mundo financiero.

7. "Blockchain Basics: A Non-Technical Introduction in 25 Steps" por Daniel Drescher

Si estás interesado en comprender los fundamentos de la tecnología blockchain de una manera accesible y no técnica, este libro es para ti. "Blockchain Basics" presenta los conceptos clave de la cadena de bloques en 25 pasos simples, desde la minería hasta los contratos inteligentes, sin necesidad de conocimientos técnicos previos.

8. "The Infinite Machine: How an Army of Crypto-hackers Is Building the Next Internet with Ethereum" por Camila Russo

Este libro narra la historia del surgimiento de Ethereum y su impacto en la industria de las criptomonedas y más allá. Desde los humildes comienzos de Ethereum hasta su crecimiento como plataforma líder para contratos inteligentes y aplicaciones descentralizadas, "The Infinite Machine" ofrece una visión fascinante del potencial disruptivo de la tecnología blockchain.

Estos libros ofrecen una variedad de perspectivas sobre el mundo de las criptomonedas y la tecnología blockchain, desde los fundamentos hasta las aplicaciones prácticas y el impacto en la economía global. Ya sea que seas nuevo en el espacio cripto o un inversor experimentado, estos recursos son valiosos para expandir tu conocimiento y tomar decisiones informadas en tus inversiones.

9.2. Blogs y sitios web

Mantenerse actualizado con las últimas noticias, análisis y tendencias en el mundo de las criptomonedas es esencial para cualquier inversor o entusiasta. Aquí tienes una selección de blogs y sitios web confiables que ofrecen contenido informativo y perspicaz sobre criptomonedas y tecnología blockchain:

1. CoinDesk (www.coindesk.com**)**

CoinDesk es uno de los principales recursos de noticias y análisis sobre criptomonedas y blockchain. Ofrece una amplia cobertura de eventos importantes en el mundo cripto, entrevistas con expertos de la industria y análisis en profundidad sobre temas clave.

2. CoinTelegraph (www.cointelegraph.com**)**

CoinTelegraph es otro sitio web popular que cubre noticias, análisis y opiniones sobre criptomonedas, blockchain y tecnología financiera. Ofrece una variedad de contenido, incluyendo artículos de opinión, guías educativas y actualizaciones del mercado en tiempo real.

3. CryptoSlate (www.cryptoslate.com**)**

CryptoSlate es una plataforma de noticias y datos que ofrece información detallada sobre proyectos de criptomonedas, eventos del mercado y análisis de precios. También cuenta con una base de datos exhaustiva de criptomonedas y empresas blockchain.

4. CoinMarketCap (www.coinmarketcap.com)

CoinMarketCap es una de las principales fuentes de datos sobre el mercado de criptomonedas, ofreciendo información en tiempo real sobre precios, capitalización de mercado, volumen de operaciones y más para miles de criptomonedas. Es un recurso invaluable para realizar un seguimiento de los movimientos del mercado.

5. Crypto Briefing (www.cryptobriefing.com)

Crypto Briefing es un sitio web que ofrece análisis en profundidad, investigaciones y reseñas de proyectos de criptomonedas. También cuenta con una comunidad activa de lectores y expertos que comparten información y opiniones sobre el espacio cripto.

6. The Block (www.theblockcrypto.com)

The Block es una plataforma de noticias y análisis centrada en criptomonedas, blockchain y tecnología financiera. Ofrece contenido original, informes de investigación y cobertura de eventos importantes en el espacio cripto.

7. Decrypt (www.decrypt.co)

Decrypt es un medio de comunicación que cubre noticias, análisis y características sobre criptomonedas, blockchain y tecnología descentralizada. Ofrece una perspectiva única y accesible sobre los desarrollos más recientes en el mundo cripto.

8. Messari (www.messari.io)

Messari es una plataforma que ofrece datos, análisis y herramientas para ayudar a los inversores a tomar decisiones informadas en el mercado de criptomonedas. Su enfoque en la transparencia y la precisión de los datos lo convierte en una fuente confiable de información.

9. CoinDesk Research (www.coindesk.com/research)

CoinDesk Research es la división de investigación de CoinDesk que ofrece informes en profundidad, análisis de mercado y perspectivas sobre tendencias emergentes en el espacio cripto. Es una fuente invaluable de información para inversores institucionales y minoristas por igual.

10. CryptoPanic (www.cryptopanic.com)

CryptoPanic es una plataforma que recopila noticias y actualizaciones de una variedad de fuentes en línea y las presenta de manera organizada y fácil de digerir. Es una herramienta útil para mantenerse al tanto de las últimas noticias y tendencias en el mundo de las criptomonedas.

Estos blogs y sitios web ofrecen una variedad de recursos para mantenerse informado sobre las últimas noticias, análisis y desarrollos en el mundo de las criptomonedas y la tecnología blockchain. Ya seas un inversor, un entusiasta o simplemente estés interesado en aprender más sobre el espacio cripto, estos recursos te ayudarán a estar al día con lo que está sucediendo en la industria.

9.3. Comunidades y foros

Unirse a comunidades y participar en foros en línea es una excelente manera de conectarse con otros entusiastas e inversores de criptomonedas, compartir conocimientos y obtener información valiosa sobre el mercado. Aquí tienes una lista de algunas de las comunidades y foros más populares en el espacio cripto:

1. Reddit - r/Cryptocurrency (www.reddit.com/r/Cryptocurrency**)**

Reddit es una plataforma de redes sociales donde los usuarios pueden participar en diferentes comunidades temáticas llamadas "subreddits". r/Cryptocurrency es uno de los subreddits más grandes y activos dedicados a discutir todas las cosas relacionadas con las criptomonedas. Los usuarios comparten noticias, análisis, debates y consejos sobre inversiones en este subreddit.

2. BitcoinTalk (bitcointalk.org)

BitcoinTalk es uno de los foros más antiguos y establecidos en el espacio cripto. Es una plataforma donde los usuarios pueden discutir una amplia gama de temas relacionados con Bitcoin y otras criptomonedas, incluyendo desarrollos técnicos, proyectos de ICO, minería, y mucho más. Es un recurso invaluable para mantenerse actualizado con las últimas noticias y eventos en el mundo de las criptomonedas.

3. Telegram - Grupos de Criptomonedas

Telegram es una plataforma de mensajería instantánea que cuenta con numerosos grupos y canales dedicados a discutir criptomonedas y blockchain. Puedes unirte a grupos específicos de criptomonedas, ICOs, trading, noticias y más para conectarte con otros miembros de la comunidad y participar en discusiones en tiempo real.

4. Discord - Servidores de Criptomonedas

Discord es una plataforma de comunicación en línea que ofrece servidores dedicados a diferentes temas, incluyendo criptomonedas y blockchain. Muchos proyectos y comunidades tienen sus propios servidores de Discord donde los miembros pueden discutir temas relacionados con el proyecto, participar en eventos en vivo, y recibir actualizaciones exclusivas.

5. Crypto Twitter

Twitter es una plataforma popular para discutir noticias y tendencias en el espacio cripto. Muchos expertos, analistas, influencers y proyectos tienen una fuerte presencia en Twitter, donde comparten actualizaciones, análisis de mercado, opiniones y debates sobre temas relevantes para la industria de las criptomonedas.

6. Meetup.com

Meetup.com es una plataforma que facilita la organización de eventos y reuniones en persona sobre una variedad de temas, incluyendo criptomonedas y blockchain. Puedes encontrar grupos locales de criptomonedas en tu área donde puedes conocer a otros entusiastas, asistir a conferencias, y participar en actividades educativas.

7. Crypto Subreddits Específicos

Además de r/Cryptocurrency, Reddit cuenta con una variedad de otros subreddits dedicados a criptomonedas específicas, como Bitcoin (r/Bitcoin), Ethereum (r/Ethereum), Ripple (r/Ripple), y muchas más. Estos subreddits son excelentes lugares para obtener información y participar en discusiones centradas en una criptomoneda en particular.

Unirse a estas comunidades y foros te brindará acceso a una amplia red de conocimientos y experiencias en el espacio cripto. Te permitirá conectar con otros entusiastas, compartir ideas, obtener consejos de inversión y estar al tanto de las últimas noticias y tendencias en el mundo de las criptomonedas y la tecnología blockchain.

9.4. Cursos y seminarios

La educación continua es fundamental para comprender el complejo mundo de las criptomonedas y la tecnología blockchain. Aquí tienes una lista de cursos y seminarios recomendados que ofrecen una formación completa y actualizada sobre estos temas:

1. Coursera (www.coursera.org)

Coursera ofrece una amplia gama de cursos en línea sobre criptomonedas y blockchain, impartidos por universidades de renombre y expertos en la industria. Algunos cursos populares incluyen "Bitcoin and Cryptocurrency Technologies" de Princeton University y "Blockchain Basics" de University at Buffalo.

2. Udemy (www.udemy.com**)**

Udemy cuenta con una gran variedad de cursos sobre criptomonedas y blockchain, diseñados para todos los niveles de conocimiento. Puedes encontrar cursos introductorios para principiantes, así como cursos avanzados sobre trading, programación de contratos inteligentes, y más.

3. Khan Academy (www.khanacademy.org**)**

Khan Academy ofrece una serie de videos educativos gratuitos sobre criptomonedas, blockchain y tecnología financiera. Estos recursos son ideales para aquellos que buscan una introducción básica y fácil de entender a estos temas.

4. Blockchain at Berkeley (https://blockchain.berkeley.edu/**)**

Blockchain at Berkeley es una organización estudiantil de la Universidad de California, Berkeley, que ofrece cursos y talleres sobre blockchain y criptomonedas. Su programa de certificación en blockchain es altamente reconocido y cubre una amplia gama de temas, desde los fundamentos hasta las aplicaciones avanzadas.

5. Binance Academy (www.binance.vision**)**

Binance Academy es una plataforma educativa creada por el exchange de criptomonedas Binance. Ofrece una amplia gama de recursos educativos, incluyendo artículos, videos y cursos en línea gratuitos sobre criptomonedas, blockchain, trading y seguridad.

6. Consensys Academy (https://consensys.net/academy/**)**

Consensys Academy ofrece una variedad de cursos en línea sobre blockchain y desarrollo de dApps (aplicaciones descentralizadas). Su programa de desarrollo de blockchain es especialmente popular entre los desarrolladores que buscan aprender sobre la construcción de aplicaciones descentralizadas en Ethereum y otras plataformas.

7. CryptoCompare Academy (https://academy.cryptocompare.com/**)**

CryptoCompare Academy ofrece una serie de cursos en línea sobre criptomonedas, trading y tecnología blockchain. Su contenido educativo incluye videos explicativos, guías prácticas y tutoriales paso a paso para ayudar a los usuarios a comprender mejor los conceptos y técnicas clave.

8. Blockchain Revolution by Don Tapscott (www.blockchain-revolution.com**)**

"Blockchain Revolution" es un libro escrito por Don Tapscott y Alex Tapscott que explora el potencial transformador de la tecnología blockchain en diversos sectores, incluyendo la economía, la política y la sociedad en general. Además del libro, la organización ofrece seminarios y conferencias sobre blockchain en todo el mundo.

Estos cursos y seminarios ofrecen una excelente oportunidad para adquirir conocimientos prácticos y habilidades técnicas en el campo de las criptomonedas y la tecnología blockchain. Ya seas un principiante completo o un inversor experimentado, estos recursos te ayudarán a ampliar tu comprensión y mejorar tu capacidad para participar en este emocionante espacio en constante evolución.

10. Conclusión

10.1. Resumen de puntos clave

En este libro, hemos explorado diversos aspectos relacionados con la inversión en criptomonedas, desde los fundamentos de la tecnología blockchain hasta estrategias de inversión y consideraciones de seguridad. Aquí tienes un resumen de los puntos clave abordados:

1. **Introducción a las Criptomonedas y la Tecnología Blockchain**: Comenzamos explicando los conceptos básicos de las criptomonedas y la tecnología blockchain, incluyendo cómo funcionan, por qué son importantes y sus posibles aplicaciones en diferentes sectores.
2. **Consideraciones Previas a la Inversión**: Antes de invertir en criptomonedas, es crucial comprender los riesgos asociados, establecer objetivos financieros claros y realizar una investigación exhaustiva sobre los proyectos en los que planeas invertir.
3. **Tipos de Criptomonedas**: Examinamos diferentes tipos de criptomonedas, incluyendo Bitcoin, altcoins y tokens de utilidad, así como sus características y casos de uso únicos.
4. **Plataformas de Intercambio y Billeteras**: Discutimos cómo elegir plataformas de intercambio confiables para comprar y vender criptomonedas, así como la importancia de almacenar tus activos de manera segura en billeteras digitales.
5. **Seguridad y Protección**: Destacamos la importancia de practicar la seguridad cibernética y proteger tus criptomonedas contra amenazas como hackeos y estafas.
6. **Estrategias de Inversión**: Analizamos diferentes estrategias de inversión, incluyendo el trading diario, HODLing, la diversificación de cartera y el análisis técnico y fundamental.
7. **Gestión del Riesgo**: Exploramos la importancia de gestionar el riesgo en tus inversiones, estableciendo límites de pérdidas y ganancias y diversificando tu cartera para mitigar los impactos de la volatilidad del mercado.

8. **Educación Continua y Recursos**: Recomendamos la educación continua y la exploración de una variedad de recursos, como libros, blogs, comunidades en línea, cursos y seminarios, para mantenerse actualizado y mejorar tus habilidades como inversor.

Estos puntos clave te proporcionan una base sólida para comprender y participar en el emocionante mundo de las criptomonedas y la inversión en blockchain. Al mantener un enfoque disciplinado, estar al tanto de las últimas tendencias y practicar la debida diligencia en tus inversiones, puedes aumentar tus posibilidades de éxito y hacer crecer tu patrimonio en el largo plazo.

10.2. Reflexiones finales

En el transcurso de este libro, hemos explorado los diversos aspectos de la inversión en criptomonedas, desde los conceptos básicos hasta las estrategias avanzadas. A medida que concluimos, aquí hay algunas reflexiones finales para tener en cuenta:

1. **Volatilidad y Riesgo**: Las criptomonedas son conocidas por su volatilidad extrema y su naturaleza de alto riesgo. Es importante comprender y aceptar estos riesgos antes de embarcarse en cualquier inversión en este espacio.
2. **Educación Continua**: El mundo de las criptomonedas y la tecnología blockchain está en constante evolución. Mantenerse actualizado con las últimas tendencias y desarrollos requiere un compromiso continuo con la educación y la investigación.
3. **Diversificación y Gestión del Riesgo**: La diversificación de tu cartera y la gestión del riesgo son fundamentales para proteger tus inversiones contra pérdidas significativas. No pongas todos tus huevos en una sola canasta y establece límites de pérdidas para proteger tu capital.
4. **Perspectiva a Largo Plazo**: A pesar de la volatilidad a corto plazo, muchos inversores creen en el potencial a largo plazo de las criptomonedas y la tecnología blockchain. Mantén una perspectiva a largo plazo y no te dejes llevar por las fluctuaciones del mercado a corto plazo.
5. **Seguridad y Protección**: La seguridad de tus criptomonedas es de suma importancia. Utiliza billeteras seguras, habilita la autenticación de dos factores (2FA) y evita compartir tu información privada con terceros para proteger tus activos de posibles amenazas.
6. **Innovación y Oportunidad**: La tecnología blockchain está en las primeras etapas de su desarrollo y presenta un enorme potencial de innovación en una variedad de sectores. Mantente abierto a nuevas oportunidades y proyectos innovadores en este espacio en constante crecimiento.

7. **Comunidad y Colaboración**: La comunidad cripto es diversa y global, con miles de personas de todo el mundo trabajando juntas para avanzar en la adopción y el desarrollo de la tecnología blockchain. Participa en comunidades en línea, foros y eventos para conectar con otros entusiastas y expertos en el campo.

Al invertir en criptomonedas, es importante recordar que el camino puede ser emocionante pero también desafiante. Mantén una mente abierta, aprende de tus experiencias y adapta tu estrategia según sea necesario para maximizar tus posibilidades de éxito a largo plazo. Con paciencia, disciplina y educación continua, puedes navegar con confianza en este emocionante viaje de inversión en criptomonedas.

10.3. Próximos pasos para el inversor

Después de haber explorado los fundamentos y las estrategias de inversión en criptomonedas, es importante tener en cuenta cuáles podrían ser tus próximos pasos en este emocionante viaje financiero. Aquí hay algunas sugerencias para considerar:

3. **Continuar la Educación**: La tecnología blockchain y las criptomonedas están en constante evolución. Continúa educándote sobre los últimos desarrollos, tendencias del mercado y avances tecnológicos en este espacio en constante cambio.
4. **Actualizar tu Estrategia**: Reflexiona sobre tu estrategia de inversión actual y ajusta según sea necesario. Considera tus objetivos financieros, tolerancia al riesgo y horizonte temporal al tomar decisiones de inversión.
5. **Explorar Nuevas Oportunidades**: Mantente abierto a nuevas oportunidades de inversión en el espacio cripto. Investiga proyectos prometedores, participa en ICOs (Ofertas Iniciales de Monedas) o considera invertir en nuevas criptomonedas con potencial de crecimiento.
6. **Diversificar tu Cartera**: La diversificación es clave para mitigar el riesgo en tus inversiones. Considera diversificar tu cartera no solo entre diferentes criptomonedas, sino también entre diferentes clases de activos, como acciones, bonos y metales preciosos.
7. **Gestionar el Riesgo**: Sigue practicando una gestión prudente del riesgo en tus inversiones. Establece límites de pérdidas y ganancias, y mantén un enfoque disciplinado para proteger tu capital contra posibles pérdidas significativas.
8. **Participar en la Comunidad**: Únete a comunidades en línea, foros y grupos locales de criptomonedas para conectar con otros inversores, compartir conocimientos y obtener información valiosa sobre el mercado.
9. **Seguir la Actualidad**: Mantente al tanto de las noticias y eventos importantes en el mundo de las criptomonedas y la tecnología blockchain. La información oportuna y

relevante puede ayudarte a tomar decisiones informadas y aprovechar oportunidades de inversión.
10. **Revisar y Ajustar**: Regularmente revisa el rendimiento de tu cartera y ajusta tu estrategia según sea necesario. Los mercados son volátiles y pueden cambiar rápidamente, por lo que es importante estar preparado para adaptarte a nuevas circunstancias.
11. **Considerar la Asesoría Profesional**: Si estás considerando inversiones significativas o tienes preguntas específicas sobre tus estrategias de inversión, considera buscar asesoramiento profesional de un asesor financiero con experiencia en criptomonedas y tecnología blockchain.
12. **Mantener la Paciencia y la Disciplina**: La inversión en criptomonedas puede ser emocionante, pero también puede ser volátil. Mantén la paciencia, la disciplina y una perspectiva a largo plazo en tus inversiones para maximizar tus posibilidades de éxito a largo plazo.

Al seguir estos próximos pasos, estarás bien posicionado para continuar tu viaje como inversor en el emocionante mundo de las criptomonedas y la tecnología blockchain. Recuerda siempre practicar la debida diligencia, gestionar el riesgo y mantener una mentalidad abierta a nuevas oportunidades y desafíos en este espacio en constante evolución.

www.ingramcontent.com/pod-product-compliance
Lightning Source LLC
Chambersburg PA
CBHW050119230526
45470CB00004B/1899